Raumforderung

Mein Weg in die Selbstermächtigung

Annette Merklin

Die Deutsche Nationalbibliothek verzeichnet diese Publikation in der Deutschen Nationalbibliografie; detaillierte bibliografische Daten sind im Internet über http://dnb.d-nb.de abrufbar.

Reiherbeize 26 · D-14169 Berlin-Zehlendorf

Reihe Biografie, Band 2

Lektorat: Peter Amsler, Berlin
Umschlaggestaltung & Satz: Der Erzählverlag, Berlin
Druck und Bindung: Alfred Nordmann Druck, Jerusalem

ISBN 978-3-947831-65-4

www.erzaehlverlag.de

Klimaneutral
Druckprodukt
ClimatePartner.com/14701-2102-1004

Raumforderung

Mein Weg in die Selbstermächtigung

Annette Merklin

Reihe Biografie
Der Erzählverlag

Für Rasmus, Maira und Noah
Für meine Freundinnen
Für alle, die mich im Herzen tragen

Ich schildere in diesem Buch Erfahrungen, die existentiell und vielfach schmerzlich waren. Um meine Geschichte so offen und ehrlich wie möglich erzählen zu können, habe ich Passagen geringfügig fiktionalisiert. Deshalb sind Namen und Orte teilweise verändert, um ungeschönt zu berichten, was ich erlebt habe. Einige Leserinnen und Leser könnten von der Dichte und Dramatik des Erzählten verstört werden. Dies ist auf keinen Fall meine Absicht und braucht kein Grund zu sein, auf die Lektüre zu verzichten; jedoch ist es hilfreich, sich innerlich darauf vorzubereiten. Mein Bemühen bestand immer darin, so zu erzählen, dass der Stoff verdaubar ist.

Annette Merklin

Inhalt

Ein paar Worte vorweg

»Willst du deine Geschichte nicht zu Papier bringen?«, wurde ich von den einen gefragt, während ich von den anderen mit der Frage konfrontiert wurde, warum ich meine Geschichte überhaupt erzählen wolle – als ich schließlich begann, tatsächlich zu schreiben. In meinen Ohren klang das wie ein Widerspruch und ich musste lange darüber nachdenken. Mein Ergebnis: Es ist eine Mutprobe, sehr Persönliches zu erzählen, gerade dann, wenn es Aspekte gibt, die herausfordernd und mitunter wenig schmeichelhaft sind. Es trotzdem zu tun, ist für mich eine Übung, wirklich zu dem zu stehen, was ich erlebt habe und wodurch ich zu der Person wurde, die ich heute bin.

Lange fühlte ich mich einsam mit dem, was mir widerfuhr, weil ich versuchte, die anderen möglichst wenig zu belasten. Indem ich meine Geschichte erzähle, trete ich aus der Vereinsamung heraus.

Einige Menschen meines Umfeldes finden, dass meine Art, mit meinem Schicksal umzugehen, auch für andere inspirierend sein könnte. Dieser Gedanke motiviert mich! Ich lasse mich selbst gerne inspirieren und es bereitet mir große Freude, dies ebenfalls zu tun.

Es gibt für meine Erzählung also verschiedene Motive und im Laufe des Textes scheinen diese immer wieder durch. Sie verleihen dem Ganzen seine Vielschichtigkeit. Fühlen Sie sich damit eingeladen, ab und an die Perspektive zu wechseln und sich neu zu orientieren.

Prolog

Da ist sie wieder, jene besondere Stille, die ich so gut kenne und die mir schon so oft begegnet ist in meinem Leben. Immer dann, wenn plötzlich alles anders wird. Erst gerade vor ein paar Tagen und jetzt schon wieder.

Ich sitze im Krankenhaushemdchen im Stationsbett und fühle mich ziemlich nackt und schutzlos, als ein junger Arzt, der am selben Morgen eine MRT-Untersuchung für unnötig erachtet hatte, mit jugendlicher Dynamik ins Zimmer spaziert. Vor zwei anderen Patientinnen im Raum eröffnet er mir, dass die Radiologen eine große »Raumforderung«, einen »großen Prozess« im Becken gefunden haben.

Ich kann mit dem Begriff »Raumforderung« überhaupt nichts anfangen. Er ist ein Synonym für Tumor, finde ich später heraus. Er klingt nur besser. Unbestimmter. Nicht so brutal.

»So eine Raumforderung kann in diesem Krankenhaus allerdings nicht behandelt werden. Dazu müssen Sie in die Charité nach Berlin-Mitte verlegt werden. Dort kann man so etwas operieren. Allerdings müssen Sie mit starken Ausfällen der Nerven, möglicherweise mit Invalidität, sprich mit einem Leben im Rollstuhl rechnen.«

Ich bin Tänzerin. Weiß er eigentlich, was er da sagt? Locker und sportlich übermittelt er mir diese Nachricht, so als würde es sich um einen einfachen Knochenbruch handeln, den zu operieren, reine Routine ist.

Und dann kommt die Stille.

Sie senkt sich herab, diese unvergleichliche Stille, wie ein eleganter Vogel, der sich mit großen Flügelschwüngen auf einer glatten Wasseroberfläche niederlässt. Es ist ein tiefes Schweigen. Im Äußeren wie in meinem Inneren. Sie besucht mich immer und immer wieder in meinem Leben, diese Stille. Sie gehört zu mir und zu meiner Geschichte wie die Pause in einem Musikstück.

Deine Geschichte – das bist du

Das Drama meines Lebens begann, als ich 26 Jahre alt war und mein Studium gerade abgeschlossen hatte.

Eigentlich hätte ich gerne Psychologie studiert, aber ich entschied mich für Tanzpädagogik und Eurythmie, weil ich es liebe, mich zu bewegen – bis heute und mehr als alles andere auf der Welt. Eurythmie, eine experimentierfreudige Bewegungskunst aus dem frühen 20. Jahrhundert, ließ sich in Frankfurt am Main, wo ich aufgewachsen war, nicht studieren. Ein gewichtiger oder vielleicht sogar der wichtigste Grund für die Wahl dieses Studienfaches war die Hoffnung, auf diese Weise einen gewissen Abstand zu meiner Mutter zu gewinnen.

Meine Mutter und ich, das war eine schwierige Verbindung – von frühster Kindheit an.

Ich war vielleicht acht oder neun Jahre alt. Ich saß in unserer kleinen Küche an einem kleinen Ausziehtisch und machte meine Hausaufgaben. Sie schaute mir dabei über die Schulter und sagte dann: »Annette, so geht das nicht. Das musst du nochmal machen. Das ist einfach zu unordentlich so.«

Ich war ein willensstarkes und manchmal auch eigensinniges Kind. Entsprechend reagierte ich ablehnend: »Nein, ich mache das nicht noch einmal. Das ist gut so.« Mit dieser Reaktion konnte sie nicht umgehen. Widerstand, das war ihr unerträglich. Das Ganze endete in einem fürchterlichen Streit. Ich schrie und weigerte mich, ihrer Aufforderung nachzukommen und sie schrie zurück: »Doch Annette, wenn ich dir das sagen, dann machst du das noch einmal. Hast du mich verstanden?« Als ich mich weiterhin weigerte, schmiss sie schließlich das Küchenhandtuch wutentbrannt auf die Anrichte und rief: »Gut, dann machst du von jetzt ab deine Hausaufgaben allein. Dann müssen es dir eben andere sagen. Ich jedenfalls werde dir nicht mehr helfen«, und damit verließ sie die Küche.

Meine Mutter hatte auch einen starken Willen. Dieser äußerte sich im Verlauf ihres Lebens in einem immer größer werdenden Kontrollzwang, der andere Meinungen, Auffassungen oder Handlungsweisen nicht mehr akzeptieren konnte. Dies führte nach und nach dazu, dass sie sich immer stärker isolierte und den Kontakt zu den Menschen, mit denen sie einst verbunden war, vollkommen verlor. Es gab irgendwann niemanden mehr, den sie noch neben sich dulden konnte. Keine Familienangehörigen, keine Freunde und zum Schluss noch nicht mal mehr ihre eigenen Kinder. Der Einzige, der übrig blieb, war Mateo, ihr zweiter Mann.

Die Begebenheit in der Küche ist eine normale Kindheitsszene, wie viele sie kennen. Die Drohung allerdings, mir bei den Hausaufgaben nicht mehr zu helfen, war bitterer Ernst. Meine Mutter konnte ausgesprochen konsequent, ja knallhart sein. In dieser Frage war sie es.

Meine Reaktion darauf beschreibe ich als ersten Schritt in die Selbstermächtigung. Zum ersten Mal in meinem jungen Leben drehte ich bewusst den Spieß um. Ich kann mich daran erinnern, als wäre es gestern gewesen. Wie ich da saß, mit vor Wut glühenden Wangen, diesem Prickeln am ganzen Körper und einem leeren Kopf. Wie sollte ich denn klar kommen, wenn sie mir von nun an nicht mehr helfen wollte? Ich wusste augenblicklich, dass sie ihre Drohung wahr machen würde. Eine ganze Weile saß ich da wie gelähmt. Geweint habe ich nicht. Das tat ich nur noch selten in diesem Alter. Da waren nur diese Stille und diese Leere in mir. Nach einer Weile allerdings spürte ich eine neue Kraft aus meinem Bauchraum aufsteigen. Ich richtete mich auf und dachte: »Gut, dann werde ich jetzt in der Schule gut sein, damit niemand etwas zu meckern hat.«

So konsequent, wie sie ihre Entscheidung durchzog, setzte ich die meine um. Ich wurde von diesem Tag an zu einer sehr guten Schülerin. Es ist mir nicht besonders schwer gefallen, aber mein wesentlicher Antrieb war über Jahre hinweg, meiner Mutter zu beweisen, dass ich ohne sie zurechtkam und dass niemand sonst etwas an meinen Leistungen auszusetzen hat. Im Gegenteil, meine Lehrer schätzten mich wegen meiner guten Leistungen, und ich konnte mir auf diese Weise ihre Anerkennung erwerben.

Im Laufe der Zeit gab es zwischen meiner Mutter und mir immer stärkere Auseinandersetzungen, die den gesamten Alltag überschatteten. Es war ein dauernder Machtkampf, was dazu führte, dass ich mich nur selten geliebt und angenommen fühlte.

Meine guten Leistungen schätzte sie allerdings durchaus.

Die Anerkennung meiner Lehrer wurde für mich zum Ersatz für die bedingungslose Liebe, die ich von meiner Mutter nicht bekommen konnte. Ihre Liebe war an die Bedingung geknüpft, ihr zu Willen zu sein.

In den letzten Schuljahren, in denen andere Jugendliche ihre Faulheit kultivierten und das beliebteste Hobby »chillen« hieß, machte ich mir Wochenpläne, in denen praktisch keine Freiräume blieben. Neben der Schule standen darauf: täglich Sport treiben, täglich mindestens anderthalb bis zwei Stunden Geige üben, Hausaufgaben machen mit dem Ziel, in keinem Fach unter dreizehn Punkten zu landen, am Wochenende jobben, um finanziell unabhängig zu sein, mein Körpergewicht überwachen und im Zweifelsfall abnehmen. Im Nachhinein kommt es mir so vor, als hätte ich gesagt: »Ja, Mama, du bist streng. Aber ich bin strenger!« So entwickelte ich mir selbst gegenüber ein Muster, das mich später in meinem Leben in große Schwierigkeiten bringen sollte. In meiner Jugend half es mir jedoch, in einem dysfunktionalen Familiensystem zu überleben.

Ich war etwa zwölf Jahre alt. Batikmode war angesagt. Und ich liebte es, alles Mögliche zu batiken. Zusammen mit meinem jüngeren Bruder hatte ich in meinem Kinderzimmer eine Batikstraße aus vielen Farben aufgebaut. Wir waren vollkommen vertieft darin, kleine Papiere herzustellen, um diese dann auf Postkarten zu kleben.

Irgendwann rief meine Mutter: »Annette, Carlos, Zeit aufzuräumen.«

»Ja, gleich ...«, rief ich zurück.

Anstatt der Weisung nachzukommen, färbten wir weiter. Es hatte einfach so viel Spaß gemacht! Wir waren im Batikrausch – bis uns eines der Gefäße umfiel und der Inhalt sich auf den Teppich ergoss. Mein Bruder blickte mich mit schreckgeweiteten Augen an, wir wussten augenblicklich: Das ist eine Katastrophe! Denn erstens hatten wir meiner Mutter hoch und heilig versprochen aufzupassen – sonst hätte sie uns die Färberei nie erlaubt. Zweitens hatten wir weitergemacht statt aufzuräumen, hatten also ihre Anweisung ignoriert. Und drittens würde der Fleck auf dem Teppichboden nie wieder raus gehen.

Entsprechend drastisch war die Reaktion meiner Mutter. Sie bekam einen Tobsuchtsanfall. Sie beschimpfte uns fürchterlich, weil wir ungehorsam gewesen waren, und verdrosch uns so schrecklich, dass die Innenseite ihrer Fingerknöchel am nächsten Tag blau unterlaufen waren.

Wir waren zusammen einkaufen und mir steckte die Erfahrung des Vortages noch in den Knochen, als ich den Zustand ihre Hände bemerkte. Ich fühlte mich vollkommen zerschlagen. So als hätte ich meine Hautgrenze verloren. Es war nicht das erste Mal, dass sie uns schlug, das kam immer mal wieder vor, aber so schlimm war es noch nie. Vom vielen Weinen hatte ich immer noch starke Kopfschmerzen und ich fühlte mich in einer Weise schuldig, wie selten in meinem Leben. Als wir nun im Supermarkt standen und ich ihre Hände sah, diese wunderschönen Hände, an den Knöcheln blau unterlaufen, da wurde ich von einem großen Mitleid gepackt. Ich dachte wirklich und wahrhaftig: »Meine arme Mama, wie kann ich das nur wieder gut machen?«

Heute weiß ich, dass dies eine psychische Reaktion darstellte, die gar nicht so selten ist. Man könnte vielleicht von einer Art Stockholmsyndrom sprechen. Jenes psychologische Phänomen, bei dem Geiseln mit den Tätern in eine Symbiose gehen – und, wie es 1973 in Stockholm bei einer Geiselnahme der Fall war, sogar Angst vor der sie befreienden Polizei entwickeln. Lange wusste ich das nicht. Ich habe Jahre gebraucht, um ein gesundes und abgegrenztes Verhältnis zu meiner Mutter zu bekommen und richtig einzuschätzen, was sie getan hat und welche Wirkung das langfristig für mich hatte.

Indes gab es bei meiner Mutter auch eine andere Seite, das machte es so schwierig für mich mit ihr. Sie war eine wunderbare Gesprächspartnerin. Jedenfalls solange wir einer Meinung waren. Wenn es ihr – selten genug – gut ging, konnte sie witzig und lebenslustig sein. Und ganz liebevoll. So liebevoll, dass ich mitunter drohte daran zu ersticken.

Sie konnte bezaubernd sein, meine Mutter, mit ihren strahlenden blauen Augen, ihrer glatten und zarten Haut. Sie roch so gut und besaß wunderschöne, feingliedrige und gepflegte Hände. Sie hatte einen erlesenen Geschmack und trug oft herrliche Kleider. Ich liebte es, in ihrer Nähe zu sein, sie anzufassen und zu liebkosen – wenn es gerade keinen Streit gab. Dann war sie weich und warm, wenn ich mich an sie kuscheln durfte. War es zwischen uns entspannt, so konnte ich eine tiefe Liebe zu ihr empfinden.

Kinder lieben ihre Eltern. Bedingungslos und egal wie sie sind. Genauso habe auch ich meine Eltern geliebt. Aber – siehe Hausaufgaben, siehe Batik-Session – genau darin bestand ein großes Problem für mich.

Während mein Vater fast nie zu Hause war und wir uns emotional vernachlässigt fühlten, lebte meine Mutter genau das Gegenteil: Statt uns Schritt für Schritt immer weiter in die Freiheit des Lebens zu entlassen, verstrickte sie uns durch emotionalen Missbrauch und gewalttätige Übergriffe immer tiefer in eine Abhängigkeit von ihr. Ich konnte mich kaum daraus lösen.

Der Alltag war geprägt von einer enormen emotionalen Spannung und der ständigen Angst, dass gleich etwas passieren würde – und die Situation entgleist.

Von klein auf übte ich folglich, die innere Situation meines Gegenübers auszuloten und keinen Anlass zu bieten, dass es zu einer Auseinandersetzung kommt. Je älter ich wurde, desto stärker versuchte ich, mich von meiner Mutter abzusetzen. Genau das aber ertrug sie um nichts auf der Welt. Die Zwangsgemeinschaft ging so weit, dass sogar die Überlegung im Raum stand, ob wir gemeinsam Psychologie studieren. Gehirngewaschen wie ich war, sah ich irgendwann weder die Notwendigkeit noch die Möglichkeit, um mich von ihr zu distanzieren.

Das Verhalten meiner Mutter mir gegenüber, lässt sich in einem Satz zusammenfassen: Ich liebe dich – ich hasse dich – verlass mich nicht! So fühlte es sich an. Ich suchte einen Ausweg aus der Verstrickung und hoffte darauf, dass ein Studium mit Ortswechsel helfen würde. Ein Eurythmie-Studium in Stuttgart schien mir passend.

Eurythmie, ursprünglich im Kontext der Waldorfpädagogik entstanden, ist Tanz, aber eben auch Schauspiel. Eurythmie ist Körpererziehung, Präsenzschulung, Meditation in Bewegung in der Gruppe oder allein. Und damit auch eine soziale Übung mit der ich mich selbst in und mit der Gruppe wahrnehme – ein großes Achtsamkeitstraining in Bewegung. Eurythmisten arbeiten mit Musik, Gedichten, Texten jeder Art – was immer uns an Inspiration einfällt. Und wir beschäftigen uns mit mehr oder weniger philosophischen Fragen.

Ich hatte das Studium gerade beendet, als mein Schicksal mich im Herbst desselben Jahres einholte. Ich spürte in meinem linken Oberschenkel immer wieder ein leichtes Prickeln und Ziehen. Nicht schmerzhaft, aber doch ungewohnt und etwas unangenehm. Noch ahnte ich nicht, dass dieses Phänomen meine Zukunft und mein Leben auf erbarmungslose Weise bestimmen sollte.

Ich absolvierte mein Referendariat in Stuttgart und fand eine erste Stelle als Eurythmie-Lehrerin in Berlin.

Kurz vor dem Umzug ging ich in Stuttgart zum Arzt. Irgendetwas stimmte doch nicht mit meinem Bein. Die Schmerzen waren in der letzten Zeit stärker geworden und ich litt darunter. Doch es gab keinen direkten Befund.

Während der Wohnungssuche in Berlin, wurde es zum ersten Mal richtig schlimm. Eine Woche lang hatte ich jeden Tag Schmerzen. Ein Ziehen von der linken Gesäßhälfte über den Oberschenkel in die Wade. Manchmal auch nur bis zum Knie, und manchmal bis zur kleinen Fußzehe. Wenn es heftig war, fühlte es sich an, als würde ein Feuerstrahl durch mein Bein schießen.

Ich wurde zum CT der Lendenwirbelsäule überwiesen. Jedoch, der Befund war negativ. »Sie haben eine wunderschöne Wirbelsäule, alles altersgemäß. Lediglich im unteren Bereich eine kleine Erweiterung des Spinalkanals. Das ist aber nicht besorgniserregend und sicher nicht der Grund für Ihre Beschwerden«, ließ mich der Arzt wissen. Erleichtert, aber auch etwas nachdenklich verließ ich die Praxis. Vielleicht bildete ich mir das nur ein? Oder war es irgendein Stresssymptom? Nun gut, es gab keine Antwort, also beließ ich es dabei. Berlin wartete!

Der Einstieg in den Beruf und die ersten Jahre an der Schule waren hart. Als Eurythmie-Lehrerin besteht mein Unterrichtsmaterial aus: mir selbst. Während in anderen Fächern mit Tafeln, Heften und Hausaufgaben gearbeitet wird, bin ich selbst die Projektionsfläche. Sofort wurde ich mit all meinen persönlichen Schattenseiten und Ur-Ängsten konfrontiert. Viele Lehrerinnen und Lehrer kennen diese schreckliche Angst vor Kontrollverlust. Für mich war diese Angst ein ständiger Begleiter. Jeden Tag aufs Neue musste ich mich ihr stellen.

Da ich aus meiner Kindheit wusste, wie es sich anfühlt, wenn der Erwachsene die Kontrolle verliert, hatte ich mir fest vorgenommen, einen Weg zu finden, anders dafür zu sorgen, dass es in meinem Unterricht diszipliniert und ruhig zuging. Das war ein hartes, langfristiges Unterfangen und es dauerte viele Jahre, bis ich dieses Ziel erreicht hatte. Trotzdem hatte ich bis zum letzten Tag meiner Lehrtätigkeit oft Angstschweißausbrüche und musste unermüdlich daran arbeiten, dass die Angst nicht die Kontrolle über mich gewann. Gesprochen habe ich darüber nur manchmal mit meinem Mann und später einmal mit meiner Therapeutin. Es war mir furchtbar peinlich und ich fand ja auch keine Lösung für dieses Problem.

In der ersten Zeit in Berlin wurden die Schmerzen zusehends stärker. Es gab ganze Nächte, in denen ich nicht schlafen konnte. Trotzdem wollte und musste ich arbeiten gehen. Das war alles andere als einfach. Mir war wichtig, dass mir niemand etwas anmerkte. Wie konnte man auch als junger Mensch in den Zwanzigern dauernd grundlos Schmerzen haben? Da das CT keinen Befund geliefert hatte, musste das Schmerzgeschehen wohl psychische Ursachen haben. Ich war bestimmt nicht in der Lage, mit Stress angemessen umzugehen.

Den ersten schweren Schmerzanfall hatte ich mit 27, anderthalb Jahre, nachdem ich angefangen hatte zu arbeiten.

Aber es gab auch Lichtblicke. Kurz nach meinem Umzug fing ich an, argentinischen Tango zu tanzen. Ich erfüllte mir einen Traum, der mich schon seit meiner Jugend begleitete. Und in meinem ersten Sommer in Berlin lernte ich dabei meinen späteren Mann Wolf kennen.

Er war ein guter Tangotänzer und hatte mir eine Weile Unterricht gegeben. Ich fand ihn vom ersten Moment an wundervoll. Er war schon 69 Jahre alt, als wir uns trafen, und doch faszinierte er mich. Er hatte lebendige blaue Augen, ein schönes Gesicht, dem man das Alter nur wenig ansah, tanzte geschmeidig und einfühlsam im Einklang mit der Musik. Obwohl ich Anfängerin war, hatte ich sofort das Empfinden: »Ah ... das ist Tangotanzen!«

Nach den Unterrichtsstunden redeten wir lange miteinander. Es war wunderbar für mich, mit einem Mann in dieser Weise sprechen zu können. Sonst konnte ich so intensive Gespräche nur mit meiner Mutter führen. Wolf wusste so viel über die Welt und das Leben und er interessierte sich wirklich für mich und für das, was ich zu sagen hatte. Zugleich war ich reflektiert genug, um zu erkennen, dass er mich auch deshalb so stark anzog, weil mir der Vater gefehlt hatte. Seit meiner frühsten Kindheit sehnte ich mich nach dieser fehlenden Vaterfigur. Jeden Tag! Oft stand ich als kleines Mädchen weinend am Fenster, wenn es mal wieder Streit mit meiner Mutter gegeben hatte und rief: »Papa ... Papa ...« Er kam nie.

Als ich zehn Jahre alt war, trennten sich meine Eltern. Die Situation war unhaltbar geworden. Von Anfang an gab es viele Auseinandersetzungen zwischen den beiden, aber in der letzten Zeit vor der Trennung war es zu Handgreiflichkeiten zwischen ihnen gekommen. Trotzdem war es ein riesiger Schock für mich, dass mein Vater auszog.

Zwar war er fast nie zu Hause, weil er sich im Wesentlichen für seine Arbeit interessierte. Dennoch war er in gewisser Weise eine Alternative zu meiner Mutter. Zumindest emotional. Durch die Trennung verlor ich dieses Andersartige und fühlte mich meiner Mutter noch mehr ausgeliefert.

Auf den Tag zwei Wochen vor meinem 13. Geburtstag kam mein Vater bei einem tragischen Autounfall ums Leben. Er wurde 43 Jahre alt.

Ich erinnere mich, wie alles in und um mich herum erstarrte, als Hilde, die Mutter meiner besten Schulfreundin Anni, mir die Nachricht überbrachte. Ich war oft über das Wochenende bei ihnen. Diese Wochenenden, die ich in einer ganz normalen Familie verbrachte, haben mir emotional das Leben gerettet. Endlich mal nicht dauernd zanken!

Hilde weckte uns früh am Morgen: »Anni, Annette, aufwachen! Kommt mal bitte in die Küche, ich muss mit euch reden.« Wir waren natürlich verwirrt. Warum holte sie uns so früh aus dem Bett? Hilde saß am Küchentisch, ich stand vor ihr. Sie sah mich eine Weile ruhig und eindringlich an und sagte schließlich: »Annette, dein Papa hat einen Unfall gehabt heute Nacht. Er ist dabei gestorben.«

Da war sie, die Stille.

Alles fühlte sich in diesem Moment leer, farblos und kalt an. Als habe jemand die Zeit angehalten und der Boden unter mir würde verschwinden. Ich hatte das Gefühl zu schweben, so, als wäre ich in Trance. Nach einer Weil bin ich ins Bad gegangen. Dort habe ich gesagt: »Ach, Papa, mein armer Papa ...« Ich hatte furchtbares Mitleid mit ihm. Geweint habe ich erst Tage später. Der Schock des ersten Augenblicks, er saß so tief, zu tief, um zu weinen.

Es dauerte Jahre, bis ich diesen Verlust verarbeitet hatte, und noch immer überkommt mich spontan die Angst, dass jemandem etwas passiert sein könnte, wenn er sich verspätet oder ich länger nichts höre. Die Sehnsucht nach meinem Vater aber habe ich von diesem Zeitpunkt an in meinem Innersten vergraben.

In Wolf war mir nun ein Mann begegnet, der mit meinem Vater hätte befreundet sein können. Einfach wegen seiner dynamischen Ausstrahlung, seiner Sportlichkeit und Lebenseinstellung. Die beiden hätten bestimmt viel Spaß miteinander gehabt, wenn sie sich begegnet wären. Er war unglaublich gebildet und interessierte sich für die verschiedensten Themengebiete aus Kunst, Politik, Geschichte und Kultur. Er eröffnete mir neue Welten und ließ mich an allem teilhaben, was er in seinem langen und reichen Leben erfahren hatte. Es fiel mir also leicht, mich für ihn zu begeistern. Es war in vielerlei Hinsicht ein »nach Hause kommen«. Und so kam es, dass mehr aus uns wurde. Wir waren verliebt und wollten im Herbst das erste Mal gemeinsam verreisen. Es sollte nach Frankreich in die Bretagne gehen. Aber diese erste Reise war fast ein einziger Schrecken. Ich hatte solche Schmerzen, dass ich die ganze Woche so gut wie nicht schlief. Ich verbrachte die Nächte abwechselnd in der Badewanne oder in einer verdrehten Position auf dem Boden sitzend. An Schlaf war nicht zu denken.

Der Schmerz fühlte sich an wie Feuer, das in regelmäßigen Abständen durch das Bein fährt, wie ein ständiges, qualvolles Ziehen. Wer schon mal betäubend starke Zahnschmerzen hatte oder erlebt hat, wie sich alles in eine einzige bohrende Empfindung verwandelt, wenn der Zahnarzt bei der Behandlung an einen Nerv gerät, der hat in etwa eine Vorstellung, wie sich der Schmerz anfühlte. Nur eben großflächig, generalisiert – und nicht am Kopf. Ich habe ständig nach Körperpositionen gesucht. Ich fand keine.

Tagsüber unternahmen wir endlos lange Strandspaziergänge, weil ich es in Bewegung besser aushalten konnte. So hatten wir viel Zeit zu reden. Wolf, ein sehr politischer, sozialkritischer Mensch, verwickelte mich in die anspruchsvollsten politischen Diskussionen, die ich jemals geführt habe. Ich kam dabei an meine Grenzen, weil er nicht locker ließ. Außer Schulwissen hatte ich keine großen politischen Kenntnisse und war ihm insofern wirklich kein Gegenüber auf Augenhöhe. Im Gegenteil. Er war mir aus vielerlei Gründen überlegen. Er war 42 Jahre älter als ich und hatte viele gesellschaftliche und geschichtliche Ereignisse und Veränderungen selbst miterlebt, sodass er über vieles aus eigener Erfahrung sprechen konnte, worüber ich nur gelesen hatte. Wenn überhaupt.

Ich kam also buchstäblich ins Schwitzen und fühlte mich ihm in keiner Weise gewachsen. Dennoch lief ich nicht davon wie sonst, wenn ich einen Mann kennenlernte und es sich nicht genau so entwickelte, wie ich es mir vorgestellt hatte.

Er war ein fantastischer Tangotänzer und ein erfahrener Liebhaber, bei dem ich Vertrauen gewinnen konnte. Ein Mann mit vielen spannenden Eigenschaften. Dass er mir jetzt mit diesen schwierigen Themen kommen musste, und dann noch mit einem eigenen, hochdifferenzierten Blick – das überforderte mich. Aber weil ich ihn so interessant fand und innerlich spürte, dass es wichtig war, dass ich dieses Mal nicht davonlief, überwand ich meinen Fluchtreflex und versuchte zu verstehen, worauf er hinauswollte. Es war anstrengend, furchtbar anstrengend und von Romantik hatte es eigentlich nichts.

Umgekehrt war es auch für ihn nicht leicht. In politischer Hinsicht fand er mich ausgesprochen naiv und dann erzählte ich ihm dauernd etwas von furchtbaren Schmerzen, die keine medizinische Ursache hatten.

Um überhaupt auszuhalten, dass mir jemand so nahe kam, erklärte ich Wolf zu Beginn, ich wolle ein Jahr bei ihm bleiben, dann könnten wir uns ja wieder trennen. Ihm war das ganz recht, denn er fand mich zwar attraktiv, gleichzeitig jedoch viel zu jung. Doch gerade meine Jugend gefiel ihm. Und mir half es gewiss, dass ich zu ihm aufschauen konnte und das Gefühl hatte, dass er stärker war als ich. Die gegenseitige Faszination überwog und wir gewöhnten uns aneinander. Und so blieben wir zusammen.

Für uns beide war diese Beziehung eine große Chance auf Wachstum und Entwicklung. Ich wollte diese Herausforderung meistern. Ich ahnte, wenn ich es dieses Mal nicht schaffen würde zu bleiben, würde ich es nie schaffen, mit einem anderen Menschen zusammen zu leben. Dieser Mann hatte die nötige Reife und Präsenz, meine mühsamen Gehversuche auszuhalten und mich üben zu lassen, in einer Partnerschaft zu sein, ohne ständig zu überwältigen und den anderen verändern zu wollen. Ich kam aus einem übergriffigen Familiensystem und hatte nichts anderes gelernt, als übergriffig zu handeln, wenn jemand mir nahe kam und die bekannten Konflikte entstanden. Zum Glück war ich selbstreflektiert genug, um das bald zu durchschauen und andere Möglichkeiten des Umgangs zu suchen. Wolf besaß jedenfalls das nötige Standing, um sich den Besitzansprüchen meiner Mutter entgegenzustellen und mir dabei zu helfen, das Gleiche zu tun.

Als die Schmerzattacken nach zwei Jahren immer häufiger wurden, bewog er mich, noch einmal einen Orthopäden aufzusuchen.

Der Arzt überwies mich wieder zum CT. Wieder ohne Befund. Allerdings gab es dort die Empfehlung, ein MRT des Beckens vornehmen zu lassen, weil die Spinalkanalweitung doch deutlich zu sehen war. Ich besprach den Befund und die Empfehlung mit dem Orthopäden.

»Ein MRT ist unnötig. Das kostet im Wesentlichen nur Geld und finden werden wir doch nichts«, meinte er.

Da mich die Schmerzen sehr quälten, fragte ich nach. »Woher könnten die Schmerzen kommen, was meinen Sie?«

»Möglicherweise haben Sie Dehnungsschmerzen.«

Ich weiß bis heute nicht, was das sein soll. Die Erklärung reichte mir nicht. »Könnte es vielleicht ein Tumor sein?«, fragte ich also.

»In dieser Region nicht, und auch nicht in Ihrem Alter«, bekam ich als Antwort. Mit dieser Aussage entließ er mich, verschrieb mir aber Wärmebehandlung und Akupunktur in seiner Praxis. Die Schmerzen wurden davon nicht besser. Im Gegenteil. Sie nahmen kontinuierlich zu.

Wenn ich nicht schlafen konnte, saß, stand oder wand ich mich stundenlang vor meinem Laptop, während alles um mich herum schlief und versuchte, herauszufinden, was ich haben könnte. Natürlich ohne Erfolg.

Trotzdem – irgendetwas stimmte nicht mit mir.

Ich hatte einmal einen Versuch unternommen, Schmerzmittel zu nehmen. Sie blieben ohne Wirkung, also verzichtete ich darauf.

Chronische Nervenschmerzen sind schmerztherapeutisch recht schwer zu behandeln. Das wusste ich freilich noch nicht. Klassische Schmerzmittel helfen eigentlich nicht. In solchen Fällen kommt man am besten mit Morphium weiter. Eine Therapie, die heute für viele Ärzte noch angstbesetzt ist, weil Opioide abhängig machen. Man kann es bei Gebrauch also nicht wieder absetzen, sondern muss es dem Körper langsam entziehen.

Da es offensichtlich keine physiologische Ursache für meine Schmerzen gab, kam eine Krankschreibung für mich nicht in Frage. Egal, wie viel oder wenig ich geschlafen hatte – ich ging auf jeden Fall zur Arbeit und lenkte mich auf diese Weise über Jahre erfolgreich ab. Glücklicherweise waren die Schmerzen tagsüber meist deutlich geringer zu spüren, sodass ich mich überwiegend auf meinen Unterricht oder meine sonstigen Tätigkeiten konzentrieren konnte, natürlich trotzdem nur durch ein hohes Maß an Selbstkontrolle, denn oft fühlte ich mich erschöpft. Dennoch heiter und gelassen zu erscheinen, kostete mich zusätzlich Kraft, die ich irgendwann nicht mehr aufbrachte.

Meine Schule, die vielen netten Menschen dort, meine Beziehung zu Wolf, zu meinem drei Jahre jüngeren Bruder Carlos und meinen Freunden – das war für lange Zeit meine Rettung und mein Halt. Mit den Schmerzen war ich oft allein. Viel gesprochen habe ich nicht darüber, mit niemandem. Auch nicht mit Wolf. Man hatte nichts gefunden, ich hatte somit keinen ersichtlichen Grund, Schmerzen zu haben. Ich war sportlich, fit, gesund und beweglich. Es musste also etwas Psychisches sein und das war mir unangenehm. Ich schämte mich.

Zu Anfang meiner Beziehung zu Wolf, geriet ich in eine schwere psychische Krise. Das Verhalten meiner Mutter wurde zunehmend unangenehmer, sie meldete massive Besitzansprüche an. Auch Wolf gegenüber. Mir wurde klar, dass ich mit ihm nur zusammenbleiben konnte, wenn ich die Symbiose mit ihr auflöste. Ihr weiterhin nahe zu sein und zugleich eine neue Partnerschaft aufbauen, das ging nicht. Ich musste mich entscheiden. Er oder sie.

Ich entschied mich für ihn.

Die Trennung von meiner Mutter löste in mir große Angstzustände aus. Vermutlich ahnte ich, dass es kein Zurück mehr geben würde. Diese Ahnung hat sich später in dramatischer Weise bestätigt.

Aus dieser Trennungserfahrung nahm ich das Wissen mit, wie es sich anfühlt, wenn mein Körper plötzlich verrücktspielt und ich keinerlei Kontrolle darüber habe, was mir passiert. Weil diese Krise als Anpassungsstörung und nicht als Angsterkrankung diagnostiziert wurde, entwickelte ich im weiteren Verlauf Angst vor meiner eigenen Angst. Ich hatte also Angst davor, wieder in eine wie auch immer geartete psychische Krise zu geraten.

Deshalb sprach ich möglichst wenig über meine Sorgen und Ängste und versuchte, so normal wie möglich zu funktionieren.

Meist kommt es anders, wenn man denkt

Zeitsprung. An einem 18. Februar – es war ein strahlend kalter Wintermorgen mit einem wunderschön pastellfarbenen Himmel, wie ich ihn so sehr liebe – brachen wir zum bis dahin schwersten Gang unseres Lebens auf. Mittlerweile war ich fast 31 Jahre alt und nun seit vier Jahren mit Wolf zusammen. Unsere Anfangsschwierigkeiten hatten sich weitgehend aufgelöst. Wir liebten uns, waren glücklich miteinander und guter Hoffnung. Es war die 25. Schwangerschaftswoche und unser ersehnter kleiner Junge schon ziemlich groß. 32 Zentimeter, 630 Gramm.

Mit der Entscheidung für diese Schwangerschaft schlug ich mich lange, sehr lange herum. Es sprach so viel dagegen. Am meisten wohl, dass uns beiden klar war, dass dieses und vielleicht ein zweites Kind seinen Vater mit hoher Wahrscheinlichkeit zu einem frühen Zeitpunkt verlieren würden.

Dennoch hatte ich mich bewusst für diese Schwangerschaft entschieden. Im Sommer davor, einem herrlichen Sommer mit vielen wunderschönen Wanderungen auf Mallorca, meiner zweiten Heimat, fühlte ich diese Frage nach einem Kind so drängend, dass ich ihr nicht mehr aus dem Weg gehen konnte. Es war, als würde mir jemand auf der linken Schulter sitzen und mich dauernd fragen, wann er denn endlich kommen dürfe.

Ich wog die verschiedenen Möglichkeiten ab. Welche Risiken, welche Gefahren, was würde unser Altersunterschied für mich bedeuten, für uns, was für das oder die Kinder? Darf man so etwas einem Kind überhaupt zumuten? Wie ist das wohl für ein Kind? Wenn es aus dem Kindergarten abgeholt wird und alle sagen: »Hey, dein Opa kommt!«, und es dann immer wieder erklären muss: »Das ist nicht mein Opa, das ist mein Papa.«

Irgendwann hatte ich genug davon: vom Nachdenken, von den vielen Sorgen, die ich mir machte, und den ganzen Vorstellungen, die mich beschäftigten. Ich sagte zu Wolf, der die ganze Sache viel nüchterner und unaufgeregter betrachtete als ich, dass ich mich für vier Tage zurückziehen wolle, um in mich zu gehen und meine Entscheidung zu treffen. Wir verabredeten uns am darauffolgenden Sonntagvormittag zum Kino. Es gab einen Film, den ich schon lange sehen wollte, aber ich hatte den Erststart verpasst. Nun wurde er in einer Matinee nochmals gezeigt. Selma Hayek spielt Frida Kahlo: die charismatische Malerin, die in ihrer Jugend verunglückte und ein Leben lang davon gezeichnet blieb.

Ich hatte die vier Tage ganz für mich genossen. War meinen Leidenschaften, vor allem dem Tangotanzen, bis spät in die Nächte nachgegangen. Sollte ich schwanger werden, würde diese Welt für eine längere Zeit der Vergangenheit angehören. Schließlich war ich mir sicher. Ja, ich wollte mit diesem und mit keinem anderen Mann ein Kind bekommen. Was auch geschehen mochte, ich war bereit, es zu tragen.

Wir trafen uns also im Kino. An diesem schönen Sonntagmorgen im August waren wir mehr oder weniger allein im Saal. Sobald wir unsere Plätze gefunden hatten, sagte ich meinem Liebsten, dem Vater meines ungeborenen, aber gewünschten Kindes, dass ich bereit sei, ein Kind mit ihm zu bekommen. Er nahm es recht nüchtern zur Kenntnis und sagte: »Na, ist ja schön, dann können wir endlich loslegen.« Ein paar Wochen später war ich schwanger.

Es war von Anfang an keine schöne Schwangerschaft. Zuerst sah es so aus, als bahne sich ein früher Abgang an. »Sie können nichts tun, um dies zu verhindern und auch nichts, um es zu erhalten«, sagte meine Frauenärztin zu mir. Also tat ich nichts beziehungsweise alles, was ich sonst auch getan hätte, und rechnete schicksalsergeben jeden Tag damit, dass es vorbei sein würde. Aber es war nicht vorbei, im Gegenteil. Nach ein paar Wochen hatte ich während einer Tangostunde zum ersten Mal leichte Übelkeit.

Das sollte nun bis zum Februar mein Schicksal sein. Es ging mir keinen Tag auch nur ein paar Stunden gut. Ich spuckte mir die Seele aus dem Leib. Trotzdem arbeitete ich als Lehrerin weiter und versuchte meine Schülerinnen und Schüler möglichst wenig von meinem Unwohlsein spürenzulassen. Wie ich das gemacht habe, weiß ich nicht. Denn alles an und in mir revoltierte. Dem kleinen Wesen, das ich in mir trug, schien es gut zu gehen. Jedenfalls nach allem, was die Frauenärztin auf ihrem Bildschirm sehen konnte.

In der 22. Woche sollten wir zum Feinultraschall in eine Spezialpraxis gehen, um die Organe messen zu lassen. Ich sehe uns noch im Dunkeln bei Regen über den Kurfürstendamm in diese Praxis laufen. Es regnete und es war ziemlich kalt. Ich fühlte mich einigermaßen elend, wie die letzten Wochen fast immer. Dennoch versuchte ich, irgendwie die Zuversicht in mir wach zu halten – die Zuversicht, dass alles gut sein würde. Warum auch nicht?

Ein paar Tage vorher war ich gerade offiziell bei Wolf eingezogen. Wir hatten nun eine gemeinsame Adresse und wohnten zusammen. Wir beschäftigten uns mit Kistenauspacken, Streichen der oberen Etage seines Hauses, Gesprächen über einen möglichen Hochzeitstermin noch vor der Geburt und stellten uns mehr und mehr auf diesen neuen Lebensabschnitt ein.

Wir zählten an diesem grau-verregneten Februarabend zu den letzten Patienten in der Praxis. Es dauerte lange, bis wir drankamen. Weil ich der Schmerzen in meinem Bein wegen schlecht sitzen konnte, lief ich ständig im Wartezimmer auf und ab. Endlich wurden wir aufgerufen. Ein netter junger Arzt nahm uns in Empfang und erklärte uns den Ablauf. Eigentlich unterscheidet sich dieser Ultraschall nicht großartig von einem normalen Ultraschall. Lediglich sieht man die Aufnahmen plastisch in 3D gegenüber an der Wand.

Es ging los. »Sie haben ziemlich viel Fruchtwasser und Ihr Bauch ist für dieses Stadium der Schwangerschaft ungewöhnlich groß«, ließ er mich gleich zu Beginn der Untersuchung wissen.

»Ist das besorgniserregend?«, fragte ich.

»Das kann ich im Moment noch nicht sagen, es kann heißen, dass das Kind nicht genug trinkt«, erklärte er uns.

Er ließ weiter den Ultraschallkopf über meine Bauchdecke gleiten und begann der Arzthelferin zu diktieren, was er sah. Lauter nüchterne Zahlen, das ganze Kind wurde vermessen. Dass wohl doch etwas Gravierendes vorlag, wurde mir bewusst, als ein anderer Arzt zufällig hereinkam.

»Ich glaube, ich habe hier eine Zwerchfellhernie«, sagte der mich untersuchenden Doktor zu seinem Kollegen. Er glaubte also, ein Loch im Zwerchfell des Fötus zu sehen.

Und da war er wieder, dieser Moment der Stille. Wenn plötzlich alles stehen bleibt. Eiseskälte kam über mich, durchfuhr meinen Körper wie ein Blitz. Ich erstarrte. Mein Gehirn stellte um auf bloßes Funktionieren. In Schockmomenten kann ich mich sehr gut auf mich verlassen. Das habe ich oft genug geübt: Ratio anwerfen und kühler, ruhiger, gefasster sein als alle anderen.

Genau so geschah es. Ruhig und nüchtern besprachen wir alles Weitere mit den Ärzten. Wegen der Hernie waren die Organe nach oben verschoben, auch die Kopfform und ein Öhrchen waren auffällig. Für Wolf und mich war schnell klar, wir würden die Schwangerschaft abbrechen.

Das Szenario, das uns der Gynäkologe ausgemalt hatte, sollten wir das Kind bekommen, war unvorstellbar. Einen Säugling auf die Welt zu bringen, der als kaum überlebensfähig gilt, nur um ihn sofort operieren zu lassen, damit er überhaupt eine Überlebenschance hat? Welche Chance und auf welches Leben? Die Schwangerschaft weiterzuführen und abzuwarten, ob das Kind von selbst sterben würde, kam für uns genauso wenig in Frage.

Dennoch wollte ich es nicht so schnell wie möglich hinter mich bringen, sondern so gut wie möglich. So, dass die Narben auf meiner und auf Wolfs Seele möglichst gut verheilen könnten.

In den darauffolgenden Tagen las ich mehrere Bücher zum Thema früher Schwangerschaftsabbruch und Todgeburt und machte mir ein Bild davon, wie man vorgehen kann, um dieses Erlebnis zum Guten zu wenden. Für viele Paare ist dies traumatisch. So sehr, dass Beziehungen daran zerbrechen und Frauen sich jahrelang nicht erholen. Das machte mir Angst.

Ich las, wie wichtig es ist, dass die Eltern das Kind sehen, auch wenn es tot geboren wird. Das leuchtete mir sofort ein. Wenn möglich, sollten sie auch so viel Zeit wie sie mochten allein mit dem Kind verbringen. Für manche Paare, die gläubig sind, könne es wichtig sein, das Kind zu segnen oder ein anderes Ritual zu vollziehen.

Bei Todgeburten ab 500 Gramm gibt es eine Bestattungspflicht in Deutschland. Diese Entscheidung galt es also auch zu fällen. Sollte das Kind in einem eigenen Grab beigesetzt oder anonym bestattet werden? Viele Fragen, aber wir hatten schnell ein Bild. Genauer gesagt, ich hatte ein Bild und Wolf war einverstanden. Für diese Bereitschaft, sich einzulassen, diesen schweren Weg zusammen zu gestalten und mich nicht allein zu lassen, dafür bin ich diesem Mann bis heute dankbar.

Wir sahen uns also nach einem Friedhof um, der einen Platz für diese sogenannten »Sternenkinder« anbot. Auf dem alten Sankt-Matthäus-Friedhof, auf dem auch die Brüder Grimm begraben liegen, gab es ein Sternenkinderfeld. Es ist ein wunderschöner, romantischer Friedhof im Zentrum Berlins. Mit alten Bäumen und vielen alten Gräbern. Man läuft einen Hügel hinauf, um zum Sternenkinderfeld zu gelangen. Mitten in Berlin kann ich im Herzen dieser geschäftigen Stadt spüren, dass hier Raum ist, Geist herrscht, Frieden lebt.

Das Feld der Sternenkinder gefiel uns sofort. Viele kleine Gräber, eines neben dem anderen. Die meisten liebevoll geschmückt, mit bunten Fahnen und buntem Zierrat, wie ihn Kinder und Eltern von Kindern lieben. Auf Anhieb war uns klar: Hier wollten wir unseren Jungen an die Erde zurückgeben.

Er sollte Rasmus heißen. Wolf liebte den Norden und ich habe ihn durch diesen wunderbaren Mann auch lieben gelernt. Natürlich sollte unser Junge den Namen tragen, den sein Vater sich immer für seinen Sohn gewünscht hatte. Rasmus Merklin. Wir fanden den Klang schön und passend. Er wäre bestimmt ein toller Mann geworden.

Wir bestellten also das Grab und bereiteten die Bestattung vor, als das Kind noch in meinem Bauch war. Das war schon merkwürdig. Aber da wir beide das Leben sehr lieben und der Tod zum Leben gehört, ist es uns zum Glück gelungen, alle diese Dinge zu besprechen und miteinander zu planen, obwohl ich noch schwanger war und unser Junge weiterhin kräftig in mir zappelte.

In den Büchern, die ich gelesen hatte, wurde empfohlen, Bilder von dem Baby zu machen. In guten Krankenhäusern machen sie sowieso ein Bild und auch einen kleinen Fußabdruck, wenn man Glück hat. Aber Bilder sollten es sein. So bat ich meinen Bruder, der sich schon lange mit Fotografie beschäftigte, zu kommen und Fotos zu machen, woraus dann ein Fotobuch entstehen sollte. Er war mitten in Vorbereitungen für seine Abschlussprüfung und dann bat ihn seine einzige Schwester, nach Berlin zu kommen und Bilder ihres toten, frühgeborenen Babys zu machen. Das war eine Zumutung, aber er ließ sich nicht abschrecken, sondern kam zu uns.

Zum Glück konnte meine Frauenärztin mir eine gute Klinik empfehlen, die viel mit diesen unfreiwilligen Abbrüchen zu tun hatte, ja, sogar darauf spezialisiert war. Bei unserem Vorstellungsgespräch begegneten wir einer netten Ärztin, die uns erklärte, was uns bevorstand. Sie hatte kurzes blondes Haar, strahlende blaue Augen und ein einnehmendes, fröhliches Wesen. Obwohl es darum ging, hier ein Lebewesen in den Tod zu befördern, sprach sie darüber in einer unglaublich liebevollen Weise. Wir fühlten uns wunderbar aufgehoben und betreut.

Es war nötig, einen weiteren Ultraschall zu machen, damit sich die Ärzte in der Klinik wirklich sicher sein konnten, dass der Befund richtig war. Auch diese Ärztin war eine Seele von Mensch, die sich viel Zeit nahm, und das Baby von allen Seiten liebevoll ansah. Sie behandelte unseren Sohn nicht wie etwas, das ausgesondert gehörte, sondern wie einen kleinen Menschen, der Respekt verdient und dem man sich liebevoll zuwenden kann. Diese Zuwendung war für mich Balsam auf meiner Seele.

Nachdem sich alle versichert hatten, dass es der richtige Schritt war, wurde der Termin für den 18. Februar, einen Freitag, festgesetzt. Ich bekam Tabletten, die ich schon am Abend vorher einnehmen sollte, um am nächsten Tag die Wehen zu fördern, und wurde nach Hause geschickt.

Am Abend nahm ich ein Bad. Das tat ich öfter in dieser Zeit, weil ich so die Schmerzen in meinem linken Bein, die im Laufe der Schwangerschaft zunehmend quälender geworden waren, besser ertragen konnte. Hier in der Wanne verabschiedete ich mich von meinem Jungen, auf den ich mich jeden Tag gefreut hatte. Es war ein Moment unvergesslicher Tiefe, Verbundenheit und Zuwendung.

Am nächsten Morgen fuhren wir an diesem schönen Februartag nach Neukölln. Ich war innerlich ruhig und gelassen und hatte den Eindruck, das, was vor mir stand, bejahen zu können. Ich konnte mir das nicht so recht erklären. Vielleicht lag es an den Tabletten, die sie mir gegeben hatten. Vielleicht hatte aber die zehntägige Vorbereitung dazu beigetragen, dass ich diesen Abschied bewusst und ruhig vollziehen konnte.

In einem Warteraum wurde mir eine Liege zugewiesen, ich bekam Wehen treibende Mittel und nun ging es darum, zu warten. Natürlich und wie immer wurde mir nach nicht allzu langer Zeit übel. Ich spuckte und spuckte, obwohl ich gar nicht viel gegessen hatte. Nach einer Weile bekamen die Schwestern wohl den Eindruck, dass es besser sei, mich in Richtung Kreißsaal zu verlegen. Dort lag ich auf meiner Liege auf dem Gang und hörte aus den verschiedenen Kreißsälen die Schreie der Frauen.

Irgendwann wurde auch ich in einen solchen geschoben. Eine junge, nette Hebamme untersuchte mich und ließ mich wissen, dass es nicht mehr lange dauern würde: »Geben Sie bitte Bescheid, wenn Sie den Eindruck haben, ganz dringend auf die Toilette zu müssen«, sagte sie. Wolf war die ganze Zeit bei mir. Unglaublich, mit welcher stoischen Gelassenheit er das alles mitmachte.

Die Geburt verlief schließlich problemlos, doch plötzlich, als der kleine Körper durch mein Becken glitt, durchzuckte mich ein unbeschreiblicher Schmerz. Er zog vor allem in mein linkes Bein. Wie Feuer zuckte es durch meinen Rücken bis zur Schädeldecke. Zum Glück war es schnell vorbei und der kleine Junge war da. Er kam schon tot auf die Welt. Es blieb uns also erspart, ihm beim Sterben zuzusehen.

Sobald er da war, konnte ich mich aufrichten und er wurde mir in die Hände gelegt, dann wurde die Nabelschnur durchtrennt und der kleine Körper wurde gewaschen und gewogen. Der Fußabdruck wurde genommen und unser Sohn wurde in ein weiches türkisfarbenes Tuch, das ich mitgebracht hatte, eingewickelt.

Mein Bruder machte wunderschöne Bilder von uns dreien. Von unserem Kind, das aussah, wie ein Vöglein, das aus dem Nest gefallen war. Von mir, die ich trotzdem glücklich wirkte. Das machen wohl die Hormone, die, wenn es gut läuft, dennoch voll ausgeschüttet werden und helfen, das Drama zu verarbeiten. Von uns als Paar. Ein schönes Paar, trotz allem!

Wolf und ich verbrachten die ganze Nacht zusammen mit unserem kleinen Rasmus in diesem Zimmer. Er lag zwischen uns in einem Körbchen, das auch sein Sarg werden sollte. »Ich nehme so eine große Wärme und so ein starkes Leuchten wahr. Ich habe den Eindruck, dass das von dem Baby ausgeht«, sagte Wolf auf einmal. Mir ging es genauso, ich hatte den Eindruck, dass das ganze Zimmer strahlte. Merkwürdig, dabei gab es doch allen Grund zur Verzweiflung und Trauer. Wir verspürten nichts von beidem. Wir fühlten uns ruhig, in Frieden und verbunden miteinander und unserem Kind und eingehüllt in dieses Licht. Das war alles. Irgendwann schliefen wir ein.

Am nächsten Morgen war das Leuchten vergangen. Zwar fühlten wir uns noch immer verbunden und in Frieden mit allem, doch alles war jetzt nüchtern und klar. Es fiel uns nicht mehr so schwer wie befürchtet, unser Kind zu übergeben, damit es bis zur Bestattung aufbewahrt werden konnte, die für den 1. März geplant war. Erleichtert, diese Prüfung hinter uns zu haben, fuhren wir nach Hause.

Es folgten drei friedliche Tage. Ich hatte seit Monaten zum ersten Mal keine Schmerzen in meinem linken Bein. Mir war nicht mehr übel und ich erholte mich, liebevoll umsorgt von Wolf. Meine Hebamme hatte mir mehrfach gesagt, dass ein normales Wochenbett folgen würde, so wie bei glücklichen Müttern auch: »Es wird einen ganz normalen Milcheinschuss geben. Die Schmerzen werden allerdings vermutlich heftiger, weil kein Abnehmer da ist.« Gut, dass sie mich vorbereitet hatte. Meine Brüste hatten während der Schwangerschaft sowieso schon riesige Ausmaße angenommen, nun wuchsen sie zu Atombusen heran und drohten jeden Augenblick zu explodieren. Dennoch ging es mir im Vergleich zu den letzten Monaten gut. Keine Übelkeit und keine sonstigen Schmerzen. Ich hatte völlig vergessen, wie sich das anfühlte.

Nach drei Tagen war die Schonfrist vorbei. Ziehen und Brennen in meinem linken Bein wurden wieder schlimmer und das Drama nahm seinen Lauf.

Bevor ich weitererzähle, möchte ich einen Gedanken einfügen, der mir an dieser Stelle wichtig erscheint: Die Trauer über den Verlust meines Sohnes hat mich lange begleitet und noch heute bedaure ich es tief, dass ich keine Kinder bekommen konnte. Jedoch ist es mir gelungen, die Traurigkeit darüber in der Weise zu verwandeln, dass ich heute vielen Kindern so begegnen kann, als wären sie meine eigenen. Ich schaue ihnen, egal ob Junge oder Mädchen, in die Augen und manchmal sehe ich darin für einen Moment den Blick meines Sohnes. Es fühlt sich ein bisschen so an, als wäre mein Sohn um mich, sobald ein Kind in meiner Nähe ist. Auch durfte ich erleben, dass mir diese Erfahrung immer wieder zugutekommt, wenn es darum geht, Abschieds- oder Trauerprozesse zu begleiten oder zu gestalten. Und so habe ich meinen Frieden mit dieser Erfahrung gefunden, auch wenn sie sehr wehtat.

Auf den Tag genau eine Woche nach der Fehlgeburt, kam endlich Licht ins Dunkel meiner Schmerzen: Mein Bruder und seine damalige Freundin Katja, die als Osteopathin tätig ist, waren bei uns zu Besuch. Meine Schmerzen hatten in den Tagen zuvor so zugenommen, dass ich an diesem Donnerstag, es war der sechste Tag nach der Geburt, tatsächlich nicht mehr weiter wusste. Ich konnte nicht mehr aufrecht gehen, sondern mich nur in gebückter Haltung fortbewegen. Katja untersuchte mich nochmals, wie schon so häufig geschehen, auf einen möglichen Bandscheibenvorfall: »Ich weiß nicht, was du hast, Annette. Aber einen Bandscheibenvorfall hast du nicht. Ganz sicher!« Sie sprach mit Wolf »Es muss etwas sein, Wolf. Solche Schmerzen hat niemand ohne Grund! Bring sie ins nächste Krankenhaus. Die müssen sich das anschauen!«

Wir fuhren also los. Natürlich mussten wir eine Weile warten, denn es war spät am Abend und in Notaufnahmen dauert es häufig länger. Glücklicherweise waren wir die einzigen. Ich lief oder besser kroch in der Wartehalle herum, um die Zeit zu überbrücken. Schließlich wurden wir aufgerufen. Eine junge, von Beginn an zugewandte Assistenzärztin nahm uns in Empfang. Sie hatte dunkles Haar und warme, interessierte Augen.

Ich erzählte ihr von meinen Beschwerden und legte ihr auch den letzten CT-Befund vor: »Ist die angeratene MRT-Untersuchung gemacht worden?«, wollte sie wissen. Ich verneinte und nannte ihr auch die Gründe. Sie wog langsam den Kopf von Seite zu Seite. »Ich geben ihnen jetzt erst einmal etwas gegen die Schmerzen. Sollte das keine ausreichende Wirkung haben, müssen wir es mit Morphium versuchen.«

Als ob sie es geahnt hätte. Das Mittel wurde mir intravenös verabreicht, aber es half gar nicht. Nach einer halben Stunde entschieden wir deshalb, auf Morphium umzusteigen. Ich erinnere mich noch an diese erste Erfahrung. Ich hatte das Gefühl, als ob mein ganzer Körper sich aufblähte und meine Umgebung hinter einem Schleier verschwinden würde. Alles fühlte sich aufgedunsen an. Ich lag auf der Liege im Behandlungsraum und meine Empfindungen wurden viel sanfter. So wie man Fotos weichzeichnet. Die Schmerzen wurden kurzfristig tatsächlich besser. »Sie können über Nacht hierbleiben und dann setzen wir Sie morgen zum MRT auf den Plan«, bot mir die freundliche Ärztin an.

Die Morphium-Dosis hielt nicht lange vor. Ich musste noch drei Mal die Nachtschwester rufen, damit sie mir ein weiteres Schmerzmittel gab. Irgendwann war die zulässige Dosis ausgeschöpft und sie durfte mir nichts mehr geben. Ein Problem, das mir in den nächsten Monaten immer wieder begegnete.

Am nächsten Morgen sollte die MRT-Untersuchung stattfinden. Ich war fest darauf eingestellt und wäre im Traum nicht darauf gekommen, dass ich wieder mit der gleichen Haltung konfrontiert werden würde, die ich schon bei meinem Orthopäden angetroffen hatte. Der diensthabende Arzt, ein junger Assistenzarzt, führte am Morgen die übliche Routineuntersuchung auf Bandscheibe durch. Natürlich fand er keinerlei Hinweise und wollte mich gleich wieder entlassen: »Ich sehe keine Veranlassung, ein MRT zu machen. Wir werden da nichts finden«, sagte er.

Durch den Verlust unseres Kindes eine Woche zuvor und die wirklich unerträglichen Schmerzen stand mir meine sonst gewohnte Fassung in diesem Moment nicht mehr zur Verfügung. Ich brach in diesem Krankenzimmer vor dem Arzt, den Schwestern und den zwei Mitpatientinnen einfach in Tränen aus.

Vermutlich hat ihn das so beeindruckt, dass er schnell einlenkte und sagte: »Dann melde ich Sie eben an, wenn Sie das unbedingt wollen. Aber ich betone nochmals: Machen Sie sich bitte keine Hoffnung auf eine Erklärung.«

Ich antwortete unter Tränen: »Ich bin ja froh, wenn Sie nichts finden, aber ich brauche endlich Klarheit.«

Im Nachhinein frage ich mich immer noch, wie deutlich ich hätte sagen müssen, dass ich vor Schmerzen fast verrückt wurde, damit mich irgendein Arzt ernst genommen hätte. Offensichtlich konnte ich es nicht rüberbringen. Bis heute habe ich dieses Problem, dass ich fast immer gesund aussehe, auch wenn es mir wirklich schlecht geht. Und dann glauben manche Leute, ich spiele nur Theater.

Weinen konnte ich damals nur in Ausnahmesituationen. Zum Glück habe ich es wieder gelernt, und jetzt müssen alle meine Tränen aushalten. Aber mir geht es besser, seit ich wieder weinen kann, und es ist mir egal, wie die anderen damit klarkommen.

Schließlich wurde ich abgeholt. Der Radiologe war einfühlsam und zugewandt. Er drückte mir die Notklingel in die Hand. »Melden Sie sich, wenn es schwierig wird!«

Ich wurde also in den Apparat geschoben und war allein. Dieses Gefühl, allein und eingesperrt zu sein, das konnte ich in diesem Moment überhaupt nicht ertragen. Als die lauten Geräusche losgingen, bekam ich Panik. Ich drückte die Notklingel. Das einzige Mal. Seither habe ich es immer geschafft, Ruhe zu bewahren und meine Platzangst, die ich schon aus Kindertagen kenne, zu überwinden. Es war mir bei diesem ersten Mal sehr unangenehm zuzugeben, dass ich Angst hatte. Der Arzt kam zu mir und sagte mir verständnisvoll: »Wir können Ihnen auch helfen, wir können Ihnen etwas geben.«

Aus meiner familiären Prägung heraus war ich eigentlich gegen Medikamente. Meine Mutter war eine radikale Anhängerin der Alternativmedizin. Da ich jedoch spürte, dass ich es anders nicht schaffen würde, willigte ich ein und bekam also ein Beruhigungsmittel verabreicht, sodass ich die Untersuchung durchstehen konnte.

Als die Liege, auf der ich lag, nach einer dreiviertel Stunde wieder herausgezogen wurde, schaute ich in zwei große, braune, ernst dreinschauende Augen. Mit ruhiger und doch berührter Stimme sagte der Radiologe zu mir: »Heute muss unbedingt jemand mit Ihnen sprechen, Frau Merklin! Wir müssen noch ein paar Berechnungen vornehmen, damit wir eine eindeutige Aussage treffen können. Aber es ist wirklich wichtig, dass Sie informiert werden.«

Augenblicklich wurde mir klar: Sie hatten etwas gefunden und es war bestimmt keine Kleinigkeit. Durch das Medikament hatte ich meine gewohnte Gelassenheit wiedererlangt und antwortete ruhig: »In Ordnung, dann weiß ich schon einmal Bescheid.«

So wurde ich wieder ins Krankenzimmer gefahren und wartete auf die Nachricht. Ich hatte Wolf verständigt und er kam, um da zu sein, wenn ich erfahren würde, was vorlag.

In meiner Erinnerung erstarrten alle anderen Personen im Raum, als der junge, dynamische Arzt mir die Geschichte von der »Raumforderung« erzählt hatte. Es war ein bizarres Bild. Ich saß auf meinem Bett, im Krankenhausnachthemd, der Arzt sprach locker mit mir und dann senkte sich dieses Schweigen herab. Niemand sagte mehr etwas. Also war es an mir zu sprechen. Leider habe ich vergessen, was ich antwortete. Ich weiß nur noch, dass ich die Nachricht mit der gleichen Ruhe aufgenommen hatte, wie die Nachricht über die Fehlbildungen unseres Kindes. Wie schon erwähnt, in diesen Situationen funktioniere ich am besten. Die Ruhe zu bewahren, wenn alles einbricht, das ist wirklich etwas, was ich kann. In dieser Situation hatte ich noch nicht einmal den Schock, den ich bei der Untersuchung unseres Kindes hatte. Ich war einfach da und dachte: »Ja, so ist es, ich habe es doch sowieso gewusst, dass wirklich etwas nicht stimmt.«

Im Verlauf des Nachmittags kam die Ärztin aus der Notaufnahme vom Vorabend vorbei. Sie hatte erfahren, dass etwas gefunden worden war. Ich saß gerade mit Wolf auf dem Gang vor dem Patientenzimmer. Es war eine Situation, an die ich mich in den darauffolgenden Jahren noch oft erinnerte. Ich saß da auf Wolfs Schoß und sagte: »Das ist jetzt wirklich eine ziemliche Katastrophe. Unser schönes Leben ist vorbei und ich werde vermutlich invalide.«

»Wieso, das ist doch gar nicht schlimm, es fängt jetzt einfach ein neuer Abschnitt an. Du wirst sehen, das schaffen wir schon. Ich baue das Haus um und es wird alles gut werden.« Innerhalb weniger Stunden hatte er sich damit abgefunden, dass er jetzt eine schwerkranke Partnerin hatte, die zu begleiten und möglicherweise zu pflegen, nun seine Aufgabe sein würde. Diese ruhige und gelassene Haltung konnte ich gar nicht fassen.

In dieser Situation erschien also die junge Ärztin. »Wie geht es Ihnen mit dieser Nachricht?«, fragte sie.

»Eigentlich weiß ich gar nichts Genaues, nur, dass sie etwas gefunden haben.«

»Hat Ihnen denn niemand ein Bild gezeigt?«

Als ich verneinte, verschwand sie und kam wenig später mit einem DIN A4-Blatt wieder, auf dem ein Schwarzweißbild meiner Wirbelsäule und meines Beckens zu sehen war. Sie zeigte mir das Bild. »Der gesamte Teil unterhalb der Lendenwirbelsäule, also da, wo eigentlich das Kreuzbein sitzt bis zum Steißbein, ist ein einziger gigantischer Tumor.« Wir schauten sie entsetzt an. »So etwas habe ich auch noch nie gesehen und in der Radiologie haben sie erst mal in der Literatur nachgesehen, was das sein könnte. Sie vermuten, dass es sich um ein sogenanntes Chordom handelt. Das sind sehr bösartige und schwierig zu behandelnde Beckentumore.«

Ich fragte sie, ob ich im Rollstuhl landen würde. »Sehr wahrscheinlich, ja«, antwortete sie.

»Hat denn mein Kollege nicht in der entsprechenden Weise mit Ihnen gesprochen, heute Morgen?«, fragte sie sichtlich erstaunt. Ich verneinte und erzählte ihr, wie locker er mir die Nachricht überbracht hatte.

Ich werde nie vergessen, wie sich ihre Miene verfinsterte und sie unmittelbar ausstieß: »Arschloch!«

Das tat mir in diesem Moment tatsächlich unglaublich gut. Ich selbst hätte es nie gewagt, das zu sagen. Dass jemand an meiner statt menschlich, also emotional reagierte, war heilsam. Sie sorgte dafür, dass ich noch am selben Abend in ein Zimmer verlegt wurde, in dem ich allein sein konnte.

Dort verbrachte ich die nächsten Tage und wurde auf die richtige Dosis Morphium eingestellt. Meine engsten Vertrauten kamen mich besuchen und ich erzählte, wie es um mich stand. Zum Beispiel kam meine Kollegin Uta, mit der sich eine innige Freundschaft entwickelt hatte, sowie Jonas, mein Freund und Kollege, mit dem zusammen ich eine Oberstufenklasse betreute. Für beide war es eine erschütternde Nachricht, weil unsere Zusammenarbeit so fruchtbar war und uns viel Freude bereitete.

Fünf Tage nach der Diagnose, sollte die Beerdigung unseres Kindleins stattfinden. So war es geplant. Dafür hätte ich allerdings entlassen werden müssen. Glücklicherweise hielt die junge Ärztin auch hier ihre Hand über mich. Sie sorgte dafür, dass ich die Klinik für diesen Tag verlassen konnte, auch wenn das eigentlich nicht erlaubt war.

Am Tag der Beerdigung war das Wetter genauso schön und strahlend wie am Tag der Geburt. Dafür, dass es um die Beerdigung eines frühgeborenen Babys ging, waren viele Menschen aus unserem nahen Umfeld gekommen. Enge Freunde und Familienmitglieder von Wolf waren da. Wir beide hatten den kleinen Leichnam am Morgen selbst in den kleinen, mit Rosenblättern gefüllten Körbchensarg gelegt, eingeschlagen in das weiche Tuch, das ich am Tag seiner Geburt bei mir hatte. Nun gingen wir den Hügel bergauf zum Feld der Sternenkinder. Die ersten Frühjahrsvögel begleiteten uns mit ihrem Gesang. Wolf trug den Sarg mit unserem Söhnlein. Die Stimmung war ernst, aber niemand weinte. Es gab nur einen kurzen Moment, in dem Wolf plötzlich strauchelte und kurz schluchzte. Er fing sich aber sofort wieder. Wir kamen zu der Stelle, an der das kleine Grab ausgehoben war. Wie wir es uns gewünscht hatten, gab es einen riesigen Korb mit Rosenblättern. Alle konnten sie in das Erdloch werfen, bevor wir das Körbchen hineinließen.

Zu Wolfs und meinen Lieblingsgedichten gehören die »Hymnen an die Nacht« von Novalis. Eine von diesen wurde gesprochen. Dann wurde das Grab von uns und der gesamten Menschengruppe, die dabei war, geschlossen. Ich erlebte es so, dass jede Schaufel, die wir selbst bewegten, den Abschiedsprozess in Richtung eines guten Endes brachte. Gleichzeitig hatte ich bereits zu diesem Zeitpunkt das deutliche Gefühl, nun zu wissen, warum ich dieses Kind hatte verlieren müssen. Und noch immer kann ich es so sehen: Ohne diese dramatische Entwicklung hätte es noch viel länger gedauert, bis der Tumor endlich entdeckt worden wäre.

Kurze Zeit nach der Beerdigung durfte ich erst einmal nach Hause.

Der nächste Auftrag, den ich zu erfüllen hatte, war, einen Schmerztherapeuten zu finden. Das hatten sie mir in der Klinik eingebläut, denn mit Morphium muss man umgehen können. Und dann galt es auf einen Termin in der Neurochirurgie der Charité zu warten, damit ich mich mit meiner Raumforderung vorstellen konnte.

Da ich nicht wusste, wie mein Schicksal weiter gehen würde, lud ich meine elfte Klasse, die ich als Klassenbetreuerin begleitet hatte, zu mir nach Hause ein, um ihnen zu erzählen, was mir geschehen war und auch, um mich vorerst zu verabschieden. Meine Schüler und Schülerinnen hatten sich sehr darüber gefreut, dass ich ein Kind erwartete und schon die Nachricht über diesen Verlust hatte sie alle betroffen gemacht. Dass ich nun selbst schwer krank war, war schwer für sie zu akzeptieren. Wir hatten ein wunderbares Verhältnis und ich glaube, sie vermissten mich. Es schmerzte sie, dass ich nun möglicherweise gar nicht mehr zurückkehren konnte. Allerdings hoffte ich, dass ich ihnen mit der

Einladung Last von den Schultern nehmen könnte. Über einen direkten Kontakt mit mir konnten sie sehen, dass ich gut versorgt und fest entschlossen war, das Beste aus der Situation zu machen.

Das Treffen gestaltete sich wie erhofft. Überall auf dem Boden unseres Wohnzimmers hatten wir Teppiche und Kelims aus Wolfs Sammlung ausgelegt, Tee gekocht und Gebäck besorgt. Da saßen wir also wie in einer orientalischen Teestube zusammen, ich erzählte und sie erzählten und wir plauderten auf zunehmend unbeschwerte und entspannte Weise. Es war eine der schönsten und innigsten Begegnungen mit meiner Klasse, die ich je hatte. Diese Haltung habe ich meine gesamte Berufstätigkeit über beibehalten. Ich habe meine Schüler stets Anteil an meinem Weg nehmen lassen und ihnen von meinen Erlebnissen erzählt. Viele haben mir genau dieses gedankt.

Viele Freunde kamen mich besuchen.

Ich erinnere mich daran, dass ich bei einem dieser Treffen in größerer Runde sagte: »Ich brauche einfach einen Chirurgen mit begnadeten Händen.« Was es heißen würde, diesen Chirurgen zu finden, und auf welch außergewöhnliche Weise das Schicksal wiederum mich gefunden hat, halte ich bis heute für erstaunlich. Als ich das Krankenhaus, in dem die Diagnose gestellt worden war, verließ, ahnte ich nicht, welche Odyssee in den nächsten Jahren noch vor mir liegen würde.

Das Wichtigste war es vorerst, einen Schmerztherapeuten zu finden. Morphium fällt unter das Betäubungsmittelgesetz und man braucht sogenannte BTM-Rezepte. Zum Glück gab es eine Schmerztherapeutin direkt bei uns um die Ecke. Diese versorgte mich mit dem Nötigen.

Die Schmerzen waren deshalb nicht weg. Es gab immer wieder sogenannte Schmerzdurchbrüche. Meist abends und in der Nacht. Dann half nur Bewegung. Es war nervig, wenn ich müde war, mich aufzurappeln, um noch eine große Runde spazieren zu gehen. Dadurch ging es mir oft zwei bis drei Stunden besser. Das reichte als Motivation. Die Dosis bei Morphium einfach zu erhöhen, ist jedoch gefährlich, weil immer mit einer Atemlähmung gerechnet werden muss. Das war keine Option.

Dann allerdings geschah etwas Außergewöhnliches.

Ich flog nach Mallorca. Noch einmal wollte ich in unser Haus und in meine geliebten Berge, bevor ich möglicherweise für immer im Rollstuhl landete. Ich hatte meinen Platz weit vorne im Flugzeug. Es war ein Mittelplatz. Neben mir nahm ein großer, kräftiger Mann seinen Sitz ein. Er hatte strubbeliges, gräuliches Haar und trug eine Brille. Ich schätzte ihn auf Mitte Fünfzig. Weil ich mir wegen der Geburtsnachwirkungen öfter mal die Beine vertreten sollte, um das Thromboserisiko zu senken, fragte ich ihn, ob wir die Plätze tauschen könnten, damit er nicht jedes Mal mit aufstehen müsse. Er schien davon wenig begeistert. Verständlich bei seiner Größe und Gewichtsklasse, dass er sich nicht auf den Mittelplatz quetschen wollte, und fragte nach dem Grund. Da mir der Tausch wichtig war, erzählte ich ihm, was mir geschehen war, und irgendwie kam ich auch auf meine gerade gestellte Diagnose zu sprechen. Er sah mich eine Weile an. »Natürlich bin ich gerne bereit, meinen Platz mit Ihnen zu tauschen. Ich bin Arzt, wissen Sie. Genauer, ich bin Schmerztherapeut. Ein ziemlich guter. Melden Sie sich, wenn ich etwas für Sie tun kann.«

Einerseits war ich verdutzt, andererseits aber auch nicht. Irgendwie stimmte an dieser Begegnung alles und sie war so selbstverständlich. Ich sagte: »Im Moment geht es mir zum Glück ganz gut. Wo praktizieren Sie denn?« Er erzählte mir, dass er in einem bekannten Krankenhaus im Süden Berlins arbeitete. Das konnte nicht wahr sein, oder? Ich kannte dieses Krankenhaus gut. Dort hatte ich mich vor vier Jahren wegen meiner vermeintlichen Anpassungsstörung mit Hilfe meines Hausarztes selbst eingewiesen und hielt große Stücke auf dieses Haus.

Zu Anfang kam ich noch gut klar. Bald allerdings wurden die Schmerzzustände, in die ich kam, immer scheußlicher. Deshalb saß ich nicht lange nach unserer Begegnung tatsächlich bei ihm im Behandlungszimmer und bat ihn, mir zu helfen. Er klärte mich über die Therapie mit Morphium umfassend auf. »In Ihrem Fall ist es wichtig, eine gute Kombi-Therapie zu finden. Opioide allein werden nicht reichen.«

Er war und ist ein Spezialist auf dem Gebiet der Schmerztherapie und beschäftigt sich umfassend mit den Kombinationsmöglichkeiten von verschiedenen Medikamenten, um eine effektive und – soweit es geht – körperschonende Therapie für den Patienten zusammen zu stellen. Außerdem ist er bereit, unkonventionelle und experimentelle Wege zu gehen. Auch wusste er, dass man dafür sorgen musste, dass die Dosis ausreichend hoch war. So bekam ich zusätzlich ein Medikament, das man auch bei Epilepsie gibt. Er versorgte mich mit den neuesten Varianten von Morphiumpräparaten. Das war aber nicht das eigentlich Besondere an dieser Behandlung.

Wir stellten schnell fest, dass mein Körper die Dosen unglaublich schnell tolerierte. Heute weiß ich, dass meine Nervenenden anders, sprich dünner sind als die der meisten Menschen. Und deshalb habe ich ein deutlich erhöhtes Schmerzempfinden. Schmerzmitteldosen, die bei anderen hervorragende Wirkungen haben, helfen bei mir nach kurzer Zeit nicht mehr. Das war bei meiner Erkrankung natürlich ein großes Problem. Nach vier Wochen mussten wir in großen Sprüngen die Dosen steigern. Die Menge, die bei der letzten Behandlung noch ausreichend war, war wieder ineffektiv geworden.

»Es ist wichtig, dass Sie immer ein bisschen Schmerz spüren, um zu verhindern, dass Sie überdosieren. Auf der Schmerzskala, die von null bis zehn geht, dürfen Sie allerdings nicht über Stufe zwei, in Ausnahmen auf drei kommen. Wir müssen verhindern, dass Sie ein Schmerzgedächtnis ausbilden. Das wäre nämlich noch viel schwieriger zu behandeln als Ihre realen Schmerzen.« Das war nun die eigentliche Herausforderung.

Am Anfang klappte es noch, Stufe zwei nur manchmal zu überschreiten. Im Verlauf der Zeit immer seltener. Vor allem in den Nächten war ich sehr oft auf der Skala zwischen sieben und neun.

Dadurch, dass mein Köper sich so schnell an die Medikamente gewöhnte, musste ich Unmengen Tabletten schlucken. Im Laufe der Zeit drei Mal am Tag eine ganze Hand voll. Wie alte Leute hatte ich meine dafür eingeteilten Schachteln vorbereitet. Wenn ich aufstand, ging ich zuerst in die Küche und kippte mir meinen »Pillen-Cocktail« in die Hand. Weil dieser Arzt es mir ersparen wollte, ständig zu ihm in die Praxis zu kommen, verschrieb er mir die Medikamente in solchen Mengen, dass ich mit Einkaufstaschen in die Apotheke ging, um die schuhkartongroßen Packungen nach Hause zu tragen. Normalerweise tun Schmerztherapeuten das vermutlich nicht, weil die Gefahr der Überdosierung und des Missbrauchs zu groß ist. »Ich vertraue ihnen, dass Sie in der richtigen Weise damit umgehen.« Dies hatte er mir gesagt und so wusste ich, dass es wichtig war, mich an unsere Abmachungen zu halten und keine Alleingänge in Bezug auf die Dosierung zu machen. Dennoch. Nach anderthalb Monaten war ich bei einer täglichen Morphiumdosis, wie man sie nach schweren Operationen gibt.

Nach drei Monaten besuchte ich Freunde in Stuttgart. Meine Freundin war vollkommen erschüttert. »Annette, du musst etwas unternehmen. Du kannst so nicht weitermachen, ich erkenne dich nicht wieder, deine Seele stirbt.«

Das stimmte! Denn nach acht Wochen war plötzlich alles anders. Ich erinnere mich noch gut. Zu Anfang war meine Allgemeinstimmung noch zuversichtlich. Ich war, wie man so schön sagt, noch »schwingungsfähig« mit meinen Mitmenschen und mit meiner Umwelt. Dann, Anfang Mai und im schönsten Frühlingsmonat, begann der Abstieg. Den Moment, als mir dies bewusst wurde, habe ich noch lebendig vor Augen.

Zusammen mit Wolf fuhr ich in den Norden Berlins. Wir fuhren durch diese schöne Frühlingsstimmung und ich empfand nur noch Leere, Sinnlosigkeit, Hoffnungslosigkeit. Alles fühlte sich grau an. Nichts interessierte mich. Ich konnte mir nicht vorstellen, dass das jemals wieder besser werden würde. Vor meinem geistigen Auge sah ich mich für die nächsten Jahre und Jahrzehnte dahinvegetieren. So sagte ich zu Wolf: »Ich befürchte, mein Liebster, ich bekomme eine Depression. Ich empfinde gar nichts mehr.« Ich spürte, dass ich nichts dagegen tun konnte. Genau gewusst habe ich es noch nicht, aber ich ahnte, dass es mit den Medikamenten zusammenhing. Dieser Zustand wurde in den nächsten Monaten schlimm.

Wenn es in der Eurythmie gut lief, konnte ich mit dieser Bewegungskunst erreichen, dass sich das Wahrnehmungsfeld meiner eigenen Persönlichkeit über meine Körpergrenzen hinaus ausdehnte. Ich konnte auf diese Weise gefühlt viel größer werden. Eine meiner Schülerinnen der 7. Klasse hatte mal gesagt, dass es mit der Eurythmie sei, wie mit dem Duschen: »Oft hat man vorher nicht so richtig Lust sich auszuziehen und drunter zu gehen. Wenn man aber mal damit anfängt, will man gar nicht mehr aufhören.« Ich fand dieses Bild aus dem Mund einer Vierzehnjährigen sehr treffend. Duschen ohne Wasser, aber in einer Leichte und Wärme, die ganz schwer in Worte zu fassen ist. Das konnte ich erleben, wenn ich Eurythmie praktizierte. Auch beim Meditieren kann ich dieses Gefühl der Wärme, der Leichtigkeit und des ausgedehnten Verbundenseins erleben. Aber da sitze ich meist allein an einem Ort.

In der Eurythmie konnte ich das Verschmelzen mit dem Umraum über die eigenen Körpergrenzen hinaus und mit anderen Menschen erleben, ohne dass eine Berührung stattfinden musste. Für mich war das ein großes Glücksgefühl, wenn sich diese Wahrnehmungserweiterung einstellte! Und es kann süchtig machen! Viele Menschen fühlen sich weniger in ihrem Körper gefangen als ich und dennoch kennen sie die Sehnsucht nach Verschmelzung und Verbindung. Die Eurythmie, der Tango und die körperliche Liebe waren für mich die besten Möglichkeiten, diese Verschmelzungserlebnisse zu erfahren.

Durch die Medikamente war mir diese Sinneserweiterung nicht mehr möglich. Eine Zeit lang hatte ich noch versucht, Eurythmie-Übungen zu machen in der Hoffnung, dass sie mich auf meinem Weg unterstützten. Je länger ich jedoch die Medikamente schluckte, umso empfindungsloser wurde ich. Ich fühlte gar nichts mehr. Die Bewegungen waren komplett sinnentleert. Ich konnte mich anstrengen, so viel ich wollte, es geschah nichts mehr mit und in mir. Ich hatte das Gefühl, einen Deckel auf dem Kopf zu haben, und mein Körper steckte wie in einem Gummianzug, der dicker und dicker wurde.

Auch das Lesen, eine meiner großen Leidenschaften, ging immer weniger. Ich konnte mich nicht mehr auf die Texte konzentrieren und wusste nach drei Sätzen nicht mehr, was ich gerade gelesen hatte.

Zunehmend gab es keine Themen mehr, für die ich mich begeistern konnte. Im Gespräch mit Freunden und der Familie in großer Runde hatte ich Mühe zu folgen. Vor allem aber war es schmerzlich für mich zu erleben, dass ich den Humor der Menschen nicht mehr verstand. Alle lachten über irgendetwas und ich saß dabei und hatte keine Ahnung, warum gelacht wurde.

Auch für das Tangotanzen konnte ich kein Interesse mehr aufbringen. Es fand keine Begegnung statt. Mein Körper bewegte sich zwar, aber ich konnte weder die Musik noch meinen Tanzpartner spüren. Ganz besonders schrecklich an all dem war mein Libidoverlust. Das belastete unsere Partnerschaft. Ich hatte keinen Antrieb mehr. So geriet ich auch auf diesem Feld zunehmend in die Isolation.

Und dann diese fürchterlichen Nächte. Am Ende meiner ersten Reise in dieses Land der Schmerzen und Schmerzmittel, weinte ich ganze Nächte in meinem Dachzimmer durch. Stundenlang, vor lauter Verzweiflung und unbeschreiblichen Schmerzen. Zu den Schmerzen, die ins Bein zogen, kamen jetzt noch ungeheuerliche Schmerzen im Becken. Mein Becken und besonders mein Kreuzbein brannten wie Feuer. Ich hatte das Gefühl, dass ich schier zerreiße. Am Ende wusste mein Schmerztherapeut auch nicht mehr, was er noch tun sollte, denn meine tägliche Dosis war schon so hoch, dass er nur noch wenig Spielraum hatte.

Er verschrieb mir eine bestimmte Sorte Fentanyl-Lutscher. Dieses synthetische Opioid gibt man auch bei Schmerzdurchbrüchen im Endstadium von Krebs. Von diesen durfte ich maximal vier am Tag nehmen. Ich begann, mich über seine Weisung hinwegzusetzen und lutschte oft sechs oder acht am Tag. Sie schmeckten ekelhaft. Ein komischer erdbeerähnlicher Geschmack. Mein

Mund wurde davon wund, aber wenigstens hatte ich für einen kurzen Moment ein bisschen Erleichterung.

In vielen Nächten konnte ich erst in den Morgenstunden einschlafen, denn merkwürdigerweise wurden die Schmerzen morgens besser. Dann fiel ich in einen tiefen, traumlosen, ja komatösen Morphiumschlaf von einigen Stunden. Wenn ich aus diesem wieder erwachte, fühlte sich mein Körper so an, als sei er die ganze Nacht gewalkt worden. An vielen Tagen wollte ich gar nicht aufwachen. Diese paar Stunden Schlaf, in denen ich vergessen konnte, was mit mir geschah, waren die einzige Rettung und die einzigen Momente der Flucht aus meinem Körper.

Ja, diese Frage wurde immer, immer drängender. Wie schaffe ich es aus diesem Körper auszubrechen, der sich anfühlte wie ein tiefes, mittelalterliches Verlies, an das ich mit schweren, eisernen Ketten gefesselt war? Wie würde ich es schaffen, dieses Verließ zu verlassen?

Selbstmord kam für mich nicht in Frage. Und dennoch, der Wunsch, meinen Körper zu verlassen, war so brennend, so groß, und ich konnte mit niemandem darüber sprechen. Ich hatte Angst vor den Reaktionen der Menschen und hatte vielleicht zu oft den Satz gehört, dass wir alle unser Päckchen zu tragen hätten.

Einmal war ich allein zu Hause. Es war mittlerweile Hochsommer. Mal wieder war ich so verzweifelt, dass ich nicht mehr ein und aus wusste. Da ging ich in den Keller und schrie. Minutenlang. Das Schlimme war: Es brachte mir keinerlei Erleichterung. Ich fand nichts, das es mir erträglicher werden ließ.

Meine Einsamkeit wurde größer, weil das, was meine größte Stärke und meine größte Schwäche gleichzeitig ist, mich mit anderen zu verbinden, nicht mehr möglich war. Und darüber konnte ich nicht sprechen, weil ich keine Worte dafür fand.

Manch einer fragt sich, wie es überhaupt so weit kommen konnte, man hätte doch einfach etwas machen können. Niemand muss doch heute noch in diese Zustände kommen, bei unseren medizinischen Möglichkeiten. Und das stimmt auch. Dass es so weit gekommen ist, dafür bin ich auch selbst verantwortlich. Aus bestimmten Gründen konnte ich mich nicht für eine Operation entscheiden. Den Ärzten, denen ich bis dahin begegnet war, wollte ich mich nicht anvertrauen.

Kurz nachdem die Raumforderung entdeckt worden war, hatte ich einen Termin in der Charité, zuerst für eine Biopsie. Bevor wir eine angemessene Therapie überlegen konnten, mussten wir herausfinden, um welche Art von Tumor es sich in meinem Kreuzbein handelte. Die Region ist für Chirurgen eine große Herausforderung. Das Kreuzbein ist mit vielen und feinsten Nerven, die den Beckenraum und die Beine versorgen, verbunden. Dort etwas zu verletzen und dadurch schwere Nervenausfälle hervorzurufen, ist ein hohes Risiko bei jeder Operation.

Eine Biopsie ist ein kleiner Routineeingriff. Allerdings haben mich die Erfahrungen, die ich in diesem Krankenhaus rund um den Eingriff machte, und auch das Auftreten des mich operierenden Arztes in meinem Vertrauen in dieses Haus erschüttert. Trotzdem ist mir wichtig zu betonen, dass ich das nicht im Allgemeinen meine. Grundsätzlich würde ich immer wieder in die Charité gehen. Ich glaube, dass viele der dort arbeitenden Menschen ihr Bestes geben. Mehrere unserer engsten Freunde arbeiten dort und ich weiß, dass sie sehr gute Arbeit leisten. Es war einfach meine spezielle Situation, in der es nicht gestimmt hatte.

Der Neurochirurg, ein sportlicher, groß gewachsener Mann in den Vierzigern, empfing uns, also Wolf, seinen besten Freund Dietrich und mich, um nach der Biopsie seine Einschätzung der Lage abzugeben. Es sei eigentlich noch die beste der befürchteten Möglichkeiten. »Es handelt sich um einen Nervenscheidentumor. Ein sogenanntes Schwannom zweiten Grades. Gutartig, und in der Regel gut zu operieren. Die Lage und die Größe sind allerdings außergewöhnlich. Dennoch können wir das hier auf der Station machen. Sie müssen eben mit Nervenausfällen rechnen.«

»Welche sind das?«, fragte ich.

»Sie werden vermutlich nicht mehr richtig laufen können, das wird dann alles ein bisschen komisch aussehen. Und vermutlich werden wir die Blasen- und Mastdarmfunktion nicht erhalten können.«

Ich schätze Professionalität, sehr sogar! Und natürlich habe ich ein großes Verständnis dafür, dass man als Arzt in bestimmten Situationen nüchtern und abgegrenzt erscheinen muss. Dennoch, ich glaube, die Meinung über die Ärzte in unserem Land könnte sich in dramatischer Weise verbessern, wenn diese hochprofessionellen und gut ausgebildeten Menschen neben der Diagnose, die sie überbringen, auch menschlich auf die Situation des Patienten eingingen.

Für eine junge Frau, noch dazu mit einem Bewegungsberuf, ist es eben keine Kleinigkeit, sich nicht mehr richtig bewegen zu können, und die Funktion der Ausscheidungsorgane zu verlieren, bleibt doch bis zum letzten Lebenstag eine Angstvorstellung. Darauf einzugehen, gehört für mich zu einer umsichtigen, patientenorientierten Behandlung dazu. Mangelnde Zeit hin oder her.

Allerdings sehe ich die Verantwortung auch bei mir. Ich war lange Zeit ausgesprochen kooperativ. Heute fordere *ich* den Raum, den ich brauche, und nötige die Ärzte, sich mir zuzuwenden. Ich bleibe so lange sitzen, bis ich den Eindruck habe, dass wir uns verstanden haben und begegnet sind. Das war allerdings ein langer Weg.

Diese Situation erzähle ich deshalb, weil ich noch verschiedene Begegnungen in anderen renommierten Krankenhäusern hatte, die es einfach nicht zuließen, dass ich mich vertrauensvoll in die Hände dieser hochprofessionellen Neurochirurgen begeben konnte. Überall hatte ich es mit Männern zu tun. Ich sollte sie in einem Bereich operieren lassen, der für mich als Bewegungsmensch, als Eurythmistin, als Tänzerin und gerade aber auch als Frau überlebenswichtig war. Das Vertrauen, dass ich sie da ranlassen konnte, hat keiner in mir wecken können, und zwar schlicht und einfach deshalb, weil keiner dieser Männer auf mich als Frau einging.

Einer ist mir in Erinnerung geblieben, weil er sich mit großer Zurückhaltung gezeigt hatte. Er sagte mir: »Ich traue mir nicht zu, das zu operieren. Das ist so herausfordernd, wie Sauerkraut aus einer Schüssel, die mit Quark gefüllt ist herauszuholen.« Diese Achtung, die ich bei ihm wahrnahm und auch das Bild, das er mir gab, haben mich bis heute beeindruckt. Hier fühlte ich mich wahrgenommen. Als Mensch und als Frau. Er konnte zu seinen Sorgen und Ängsten stehen. Die Begegnung war in erster Linie menschlich und im besten Sinne professionell. Dafür bin ich diesem Arzt noch immer dankbar.

Weil es mir nicht gelang, einen Arzt zu finden, dem ich mich anvertrauen konnte, gab ich die Suche irgendwann auf. Ich fügte mich in mein Schicksal und unternahm einen Versuch über die Ernährung, etwas zu erreichen. In der Krebstherapie hatte man nämlich herausgefunden, dass Zucker beim Wachstum von Tumoren eine große Rolle spielen kann.

Durch eine meiner engsten Freundinnen hatte ich von einer Ärztin in Frankfurt am Main erfahren, die angeblich viel Erfolg bei der Heilung von Krebs hatte, und zwar durch eine bestimmte Art der zuckerfreien Ernährung und durch bestimmte Präparate, die sie gab.

Nach einigem Zögern, weil ich schon so viel ausprobiert hatte, flog ich zu einem Termin mit ihr nach Frankfurt. Ich saß bei ihr im Wartezimmer. Meine Mutter und ihr Mann waren auch dabei. Nachdem ich meine Diagnose bekommen hatte, nahm ich nach vier Jahren wieder Kontakt mit meiner Mutter auf. Ich fand, dass ich es ihr schuldig war und es ihr zustand zu wissen, wie es mir erging. Für einige Monate sprachen wir wieder miteinander. Da die beiden an der Stadtgrenze Frankfurts wohnten, begleiteten sie mich zur Ärztin.

Dann wurde uns mitgeteilt, dass uns leider nur zehn Minuten zur Verfügung stünden, denn Frau Doktor müsse das Haus wegen eines Vortrages verlassen. Das war starker Tobak. Ich war extra angereist, hatte natürlich wieder große Hoffnungen und wurde dann mit einem Termin von zehn Minuten abgespeist. Weder meine Mutter noch ihr Mann sagten irgendetwas oder griffen mir unterstützend unter die Arme.

Heute würde ich mich einfach gelassen bedanken und gehen, denn meine Vernunft würde mir sagen, dass diese Situation nicht stimmt, und ich würde es als Zeichen nehmen, dass ich dort nichts verloren hätte. Doch war ich damals noch nicht so radikal.

Es war alles andere als eine nette Begegnung. Die Ärztin erlebte ich als ruppig und kühl. »Sind Sie denn der festen Überzeugung, dass gutartige Tumore genauso auf Zucker ansprechen wie bösartige?«, fragte ich.

»Wieso denn nicht?«, antwortete sie, ohne zu zögern. »Ich habe gutartige Tumore an meinen Füßen auf diese Weise wegbekommen.«

Nun, dann wollte ich auch einen Versuch wagen. Und so machte ich über mehrere Wochen eine einseitige Diät, da aus sehr vielen Lebensmitteln in der Verdauung Zucker gewonnen wird. Alle diese durfte ich nicht mehr essen. Durch das Morphium war meine Kreativität erheblich verkümmert und so aß ich am Ende oft nur Kohlrabi mit Sesammus aus dem Bioladen.

Nach kurzer Zeit wog ich 47 Kilo, meine Schmerzen wurden nicht besser und bei der MRT-Verlaufskontrolle zeigte sich, dass die Diät keinen Effekt hatte. Der Tumor wuchs weiter. Da mir die Frage nach dem Zusammenhang von Zucker und gutartigen Tumoren jedoch keine Ruhe ließ, suchte ich nach Informationen im Internet, um herauszufinden, ob es darüber irgendeine Aussage gab. Natürlich gab es sowieso nicht viel, aber nachdem ich mich stundenlang durch irgendwelche Seiten geklickt hatte, fand ich eine Abhandlung. Ich kann mich nicht mehr genau daran erinnern. Allerdings wurde deutlich, dass sich gutartige

Tumore angeblich doch anders »ernähren« als bösartige, und der Zuckerhaushalt keine entscheidende Rolle spielt. So stand es also Aussage gegen Aussage. Und mein Vertrauen war vollständig dahin. Ich verzichte daher im weiteren Verlauf darauf, über meine weiteren Versuche zu berichten, meine Krankheit auf alternativmedizinischem Wege zu behandeln. All diese Versuche zeigten keine Wirkung.

Ich bin über die Jahre vielen engagierten Menschen begegnet. Manche haben mir Heilsversprechen gemacht, andere waren bescheidener. Wirklich geschadet haben mir die Versuche in den wenigsten Fällen, allerdings haben sie mich viel Kraft und vor allem viel Geld gekostet, und am Ende ist doch immer wieder nur eine Hoffnung gestorben. Das macht müde, unendlich müde. So passierte es mir im Laufe der Zeit immer öfter, dass ich jemanden, der mit einem wohlgemeinten Tipp zu mir kam, kalt abbürstete, weil ich es einfach nicht mehr hören konnte, dass ich doch dieses oder jenes versuchen könnte.

Weil ich also niemanden fand, dem ich mich anvertrauen konnte, durchlief ich diesen langen Leidensweg – bis schließlich doch jemand auftauchte, der eine Idee hatte, die mir weiterhalf, allerdings auf eine ganz unerwartete Art und Weise. Diese Erfahrung machte ich in meinem Leben häufiger. Manchmal brauchte ich, so wie bei einer anstrengenden Wanderung, einen langen Atem, bis es endlich wieder leichter wurde oder ich Hilfe bekam. Diese wiederholte Erfahrung hilft mir heute, schwere Momente bewusst mit der inneren Sicherheit zu durchleben, dass es irgendwann wieder einfacher wird.

Aus Begegnung wird Schicksal

Mittlerweile war es Hochsommer geworden und ich befand mich am Tiefpunkt meines Lebens. Nun kündigte sich einer von Wolfs Neffen kurzfristig bei uns zum Berlin-Besuch an. Er würde gerne eine Freundin mitbringen. Ob er damals schon sagte, dass es sich um eine Neurochirurgin handelte, die er einige Monate vorher kennengelernt hatte, weiß ich nicht mehr. Im Verlauf wurde es jedenfalls klar: »Ich habe sie im Februar kennengelernt und bin sehr überzeugt von ihrer Arbeit.« Klar war allerdings auch, dass ich über meine Krankheit nicht sprechen wollte. Ich hatte genug. Ich wollte nicht noch einmal hören, wie schwierig es sei, so einen Tumor zu operieren. Das hatte ich zur Genüge gehört, das wusste ich nun schon.

Eines Abends standen sie also vor der Tür. Vier Tage wollten sie bleiben. Ich erinnere mich noch gut an diesen ersten Moment der Begegnung. Wolf hatte gerade die Haustüre geöffnet, als ich die Treppe herunterkam und eine strahlend schöne Frau den Flur betrat. Sie war klein, aber der Raum war gefüllt von ihrer Präsenz. Ihr dunkles, langes, lockiges Haar und ihr südländisches Aussehen ließen ahnen, dass hier eine außergewöhnlich vitale Persönlichkeit aufgetaucht war. Sie trug einen schwarzen, langen Rock, der aussah wie eine Abendgarderobe und eine wunderschöne weiße Bluse. Sie strahlte über das ganze Gesicht und begrüßte uns so, als ob wir uns schon ewig kennen würden. Wolf und ich waren von dieser Erscheinung überrascht.

Auch an die nächsten Tage erinnere ich mich noch gut. Es war so merkwürdig, deshalb ist es mir vermutlich in Erinnerung geblieben. Es waren die schönsten Sommertage. Das Wetter war fantastisch und wir waren eigentlich die ganze Zeit im Garten. Wolf hatte mitten in Berlin ein echtes Paradies erschaffen und wir saßen, aßen und redeten stundenlang inmitten blühender Sträucher auf der Terrasse unter Weinreben. Man konnte meinen, wir seien irgendwo in der Toskana gewesen.

Ioana, so heißt jene wunderschöne Frau, gehört zu den Menschen, die das Herz auf der Zunge tragen. Und so plauderten und philosophierten wir stundenlang über alles Mögliche. Also eher die anderen. Ich hörte mehr zu und versuchte zu folgen, obwohl ich normalerweise auch gesprächig bin, aber wie schon erwähnt hatte sich mein Wesen durch die Medikamente verändert.

Über meine Erkrankung redeten wir nicht. Ich nicht, weil ich nicht wollte. Wolf nicht, weil er meinen Willen achtete. Gerderot, Wolfs Neffe, nicht, weil er die Zurückhaltung in Person ist, und Ioana nicht, weil sie durch und durch professionell ist. Erst am Tag ihrer Abreise kam plötzlich Bewegung in die Situation.

Wolf stand am Vormittag in der Küche am Spülbecken und hantierte mit irgendetwas herum. Als ich morphiumzerknautscht die Küche betrat, unterbrach er seine Tätigkeit. Er begrüßte mich wie jeden Tag und sah mich dann eindringlich an. Schließlich sagte er einen Satz, der meinem Schicksal eine Wende geben sollte: »Annette, wenn du nicht für dich mit Ioana sprechen willst, dann tue es bitte für mich, tue es mir zuliebe.«

Dieser Satz hatte mich berührt. Ich wusste, wie schwierig die letzten Monate auch für ihn gewesen waren. Er hatte mal eine junge, fröhliche, dynamische Frau zur Partnerin gehabt. Diese aber verkümmerte mehr und mehr. Eigentlich war nur noch ein Schatten von dieser Frau im Raum. Hinzu kam die schreckliche Ohnmacht, die er erlebte. Wenn der Mensch, der einem am nächsten ist, so leidet und man nichts tun kann, um sein Leiden zu lindern, ist das Seelenfolter. Ich wusste also, zu welch großer Belastung ich geworden war, und als er mich nun bat, etwas ihm zuliebe zu tun, konnte ich nicht nein sagen. Und so überwand ich mich und sprach Ioana darauf an, ob sie sich meine Bilder ansehen wollte.

»Natürlich«, sagte sie und wenig später saßen wir im Wohnzimmer und sie betrachtete die MRT-Bilder auf dem Computer. Sie saß eine Weile da und schaute mit ziemlicher Ruhe auf den Bildschirm. Ich saß teilnahmslos dabei. Dann geschah etwas Unerwartetes. Nach einer Weile wandte sie sich mir zu. Sie sagte nichts, aber aus ihren Augen liefen Tränen. Einfach so. Ganz ruhig. Ohne Schluchzen. Aber es liefen Tränen.

Als sie ihre Stimme wiedergefunden hatte, sprach sie: »Diese Bilder sehen schrecklich aus, Annette. Solch einen Prozess sieht man auch als Neurochirurg höchstens ein bis zwei Mal in seinem Leben. Du wirst sicher niemanden finden, der Routine darin hat, so etwas zu operieren.« Sie schwieg eine Weile und fuhr dann fort: »Dennoch bin ich der Meinung, dass man es versuchen sollte zu operieren, weil sonst die Nerven deines Unterleibes so in Mitleidenschaft gezogen werden, dass sie ihre Funktion verlieren.« Wieder machte sie eine längere Pause. »Man kann versuchen, so schonend wie möglich vorzugehen, sodass es keine oder nur sehr wenige Nervenausfälle gibt.« Dann sagte sie nichts mehr. Es blieb eine ganze Weile still im Raum und ich ließ die Bilder, die in dem Moment in mir aufstiegen, an mir vorbeiziehen.

Es war eine seltsame Ruhe zwischen uns. Nach einer Weile fragte ich sie: »Bist du bereit, diese Operation zu machen?« Sie ließ sich Zeit mit ihrer Antwort. Betrachtete noch einmal die Bilder und ließ sie auf sich wirken. »Ich muss das mit meinem Chef besprechen. Wenn er einwilligt, bin ich bereit, ein Stück dieses schweren Weges mit dir zu gehen, soweit ich das kann. Ich kann dir aber jetzt schon versprechen, dass es mir dabei nicht darum geht, den Tumor möglichst vollständig zu entfernen. Mein Anliegen ist es, deine Lebensqualität zu erhalten und deinem Leben als Frau wieder einen Sinn zu geben.«

Ich glaube, es war dieser spontane und vollkommen natürliche Ausdruck von Empathie von Seiten eines Profis, der es mir erlaubte, noch einmal darüber nachzudenken, und eine Operation doch in Erwägung zu ziehen.

Ein paar Tage später telefonierten wir. »Ich habe die Erlaubnis von meinem Chef bekommen, dich zu operieren.«

Später gestand sie mir allerdings, dass dieser ihr mehrfach davon abgeraten hatte: »Du machst dich und diese Frau unglücklich, Mädchen«, hatte er ihr wohl gesagt. Irgendwie war ihr Wille, mir zu helfen, jedoch stärker als ihre Angst. Genauso wie sie mir erzählte, dass sie einen Widerwillen gegen diese Viertagesreise nach Berlin empfunden hatte, weil sie sich vorkam, wie ein Eindringling und dennoch gefahren war, weil irgendetwas, das sie nicht verstand, sie getrieben hatte. Die ganze Fahrt zu uns muss sie sich gefragt haben, warum sie das eigentlich tue. Sie erzählte mir, dass eine innere Stimme ihr sagte: »Es ist wichtig, dass du fährst!«

Ich kenne sie gut, diese Situationen, in denen ich in einer bestimmten Weise handele und eigentlich einen großen inneren Widerstand verspüre und trotzdem weiß, dass es wichtig ist, dass ich dieses oder jenes jetzt tue. »Lass dir das alles in Ruhe durch den Kopf gehen, und melde dich bei mir, wenn du entschieden hast.« So verblieben wir also.

Ich glaube, es hatte sechs Wochen gedauert, bevor ich mich durchringen konnte, mich diesem Eingriff zu stellen. Und wieder spielte Wolf eine entscheidende Rolle.

Eines Abends saßen wir vorm Fernseher. Also er saß und ich wand mich vor Schmerzen von einer Seite auf die andere, von einer Position in die nächste und fand einfach keine Haltung, in der ich es auch nur ein paar Minuten aushalten konnte.

In diesen Tagen stellte ich erste Taubheitsgefühle an meinem linken Bein und im linken Schambereich fest. Das war ein Zeichen, dass der Prozess der schleichenden Nervenausfälle, von dem Ioana gesprochen hatte, bereits begann einzutreten. Kurz zuvor hatte ich eine MRT-Verlaufskontrolle gehabt, in der sichtbar geworden war, dass meine Ernährungsversuche keine Wirkung zeigten. Vor diesem Hintergrund und mit der Tatsache konfrontiert, dass ich es mal wieder keine Minute neben ihm aushalten konnte, sagte Wolf zu mir: »Hör zu Annette. Ich kann mir das nicht mehr länger mit ansehen. Ich will, dass du dich operieren lässt, egal was dabei herauskommt, aber so kann es einfach nicht weitergehen.«

Und dann ging es plötzlich. Ich hatte durch ihn eine Legitimation erhalten und konnte loslassen. Meine Ängste fielen ab und ich fügte mich. Und zwar vollständig. Selbst wenn ich invalide und vom Bauchnabel ab gefühllos geworden wäre. Schlimmer als jetzt konnte es sowieso nicht mehr werden.

Später am Abend aß ich eine riesige Schachtel Trüffelpralinen fast allein auf. Man könnte sagen, ich habe eine Zuckerparty gefeiert.

Am nächsten Tag rief ich Ioana an: »Ich habe es mir überlegt. Wir machen es. Ich vertraue dir. Würdest du bitte einen Termin suchen?«

Ein paar Tage später fuhr ich zu einer Freundin nach Brandenburg an einen See, an dem diese gerade Urlaub machte. Ich sehe mich noch in ihrem Zelt sitzen, als Ioana mich zurückrief: »Ich kann den 13. September möglich machen. Für so eine außergewöhnliche Operation brauche ich ein bestimmtes Team und dann ist es möglich, dieses Team zusammenzustellen.«

»Oh«, dachte ich, »der Geburtstag meiner Mutter. Was für ein Zufall.«

Ich sagte zu und wir besprachen alles Nötige.

Als ich meine Mutter anrief, um ihr zu sagen, dass ich mich nun doch operieren ließe, flippte sie aus. »Ich habe Artikel darüber gelesen, dass die meisten Chirurgen viel zu früh operieren, in der Regel ist es gar nicht nötig«, sagte sie mir mit ziemlichem Nachdruck. Ich erzählte ihr, welche Prognose Ioana mir ausgemalt hatte. »Wenn wir nicht eingreifen, werden meine Ausscheidungsorgane aller Voraussicht nach bald nicht mehr funktionieren, dann brauche ich Windeln.« Sie schrie ins Telefon: »Ja, dann brauchst du eben Windeln, aber du kannst wenigstens laufen.« Ich versuchte, ruhig zu bleiben und sagte: »Ja, aber mit den ganzen Schmerzmitteln werde ich langsam zum seelischen Wrack.«

»Ein Wrack bist du doch sowieso schon«, brüllte sie, »Ich will einfach nicht, dass du dich operieren lässt«.

Da legte ich zum ersten Mal in meinem Leben im Gespräch mit meiner Mutter einfach den Hörer auf. Ich versuchte dem Ganzen nicht zu viel Bedeutung beizumessen und zur Tagesordnung über zu gehen. Sie war nicht erst seit gestern so. Irrationale Ausbrüche, das kannte ich zur Genüge.

In der Regel war es so: Ich war gerade in Rostock bei einer Freundin. Wir saßen in einem Café und meine Mutter rief mich an: »Annette, der 13. September ist mein Geburtstag. Da werde ich 55 Jahre alt und ich möchte ihn in Ruhe feiern. Bitte verschiebe die Operation auf einen anderen Tag.« Mein Einwand, dass das schwierig sei, weil viele Menschen beteiligt seien, erreichte sie nicht. »Und stell einen Ordner zusammen mit Texten und Musikstücken, die du gerne bei deiner Beerdigung haben willst, und auch den Ablauf, für den Fall, dass du aus der Narkose nicht mehr aufwachst.«

Um dieses Telefonat zu verstehen, muss man wissen, dass meine Mutter ihren Vater mit 16 Jahren verloren hatte. Er hatte einen Schlaganfall und überlebte die anschließende Operation nicht. Das war Anfang der Siebzigerjahre. Dieses Ereignis musste sie so traumatisiert haben, dass sie fest davon ausging, dass ich nicht mehr aufwachen würde. Das war freilich keine Entschuldigung für ihr Verhalten. Lediglich eine Erklärung, die es ansatzweise verständlich macht, warum sie so übergriffig geworden war. Sie bat mich um ein Treffen an einer Autobahnraststätte auf meinem Weg nach Ravensburg, um sich dort von mir zu verabschieden. Mich schockte dieses Verhalten nicht, ich war es gewöhnt.

Als ich meiner Freundin, die die ganze Zeit neben mir gesessen hatte, erzählte, was meine Mutter gerade gesagt hatte, schaute sie mich mit großen Augen an. »Sag mal, spinnt die?«, fragte sie. »Weißt du, was sie gerade von dir verlangt hat? Dass du da so ruhig bleiben kannst! Also du machst nichts von alledem, verstanden?« Ich sah sie an und dachte: Stimmt, eigentlich hat sie Recht. Und so habe ich es auch gemacht. Nämlich nichts von alledem.

Um meine Mutter zu beruhigen, log ich sie an. Ich sagte ihr, dass ich den Eingriff auf den 16. September verschoben hätte. Es fällt mir schwer zu lügen. Das schlechte Gewissen plagt mich dann hinterher so schrecklich, dass ich lieber die Wahrheit sage. Auch wenn das manchmal nicht zu meinem Vorteil ist. Aber in dieser Situation ist mir einfach keine andere Strategie eingefallen. Aus heutiger Sicht bedaure ich es, dass mir der Mut fehlte, sie mit der Wahrheit zu konfrontiere. Allerdings wusste ich aus meiner Vergangenheit, wie schwierig es sein konnte, mit ihrem Unmut zu leben.

Eine Begebenheit aus meiner Jugend ist mir noch lebhaft in Erinnerung: Mit Anni, meiner besten Schulfreundin, war ich als Sechzehnjährige auf einem Musikfestival. Irgendjemand hatte im Gedränge meinen Rucksack geöffnet und meinen Haustürschlüssel entweder entwendet, oder er war einfach rausgefallen. Auf jeden Fall war er weg. Ich bin damals fast gestorben vor Angst, als ich dies zu Hause beichten musste. Nicht ohne Grund. Meine Mutter und Mateo verloren vollkommen die Nerven. Sie schrien mich an, wie verantwortungslos ich gewesen sei und befürchteten, dass mir jemand gefolgt sein könnte. Das war allerdings unwahrscheinlich, weil ich bei Anni geschlafen hatte und erst am Tag danach nach Hause kam. Für die nüchterne Abwägung von Wahrscheinlichkeiten waren sie nicht zugänglich. Im Gegenteil. Sie ließen für viel Geld alle Schlösser austauschen. In dieser Situation schrieb mir meine Mutter zum ersten Mal einen Abschiedsbrief. Es wäre nicht mehr auszuhalten mit mir: »Bis du 18 Jahre alt bist, kannst du hier noch wohnen, und dann sieh zu, wo du bleibst und wie du klar kommst«, schrieb sie mir.

Diese sich wiederholenden Kontaktabbrüche durch meine Mutter haben mich in meinem Beziehungsverhalten entscheidend geprägt. Es hat lange gedauert, bis ich Vertrauen in meine Beziehungen entwickeln konnte und weniger Angst hatte, diese zu verlieren.

So brachte Wolf mich also sieben Monate nach der Diagnose nach Ravensburg. Zum Glück hatten wir einen alten VW-Bus mit einer Liegefläche. Lange sitzen war mir zu diesem Zeitpunkt nicht mehr möglich. Wenigsten konnte ich mich im Liegen hin und her bewegen und mit Hilfe der Morphiumlutscher die lange Fahrt irgendwie ertragen.

Es gibt zwei Momente, an die ich mich in der Vorbereitung auf die Operation besonders erinnere. Im Aufklärungsgespräch mit dem Anästhesisten fragte ich:

»Soll ich denn meine Medikamente am Morgen vor dem Eingriff noch nehmen?«

»Ja, tun Sie das ruhig«, antwortete er mir, »dann brauchen wir weniger Opiate unter der Narkose und danach zu verabreichen.«

Dieser Satz hätte mich wach rütteln können.

Wenn ich nur den Hinweis meines Schmerztherapeuten ernst genommen hätte! Dieser hatte mir nämlich vor meiner Abreise eindringlich geraten, vor der Operation mit einem Schmerztherapeuten des Krankenhauses zu sprechen.

Weiter erinnere ich mich noch gut an den Moment, als ich die Einwilligung zur Operation unterschrieb. Ich musste unterschreiben, dass ich mit dem Eingriff und seinen möglichen Folgen einverstanden war: Blasen- und Mastdarminkontinenz, Gefühllosigkeit im Genitalbereich, Bewegungslosigkeit der Beine und möglicherweise Versteifung der Wirbelsäule zum Becken. Vor allen diesen Möglichkeiten hatte ich Angst, furchtbare Angst! Mit den Bildern von Frida Kahlo vor Augen grauste es mich, eine verschraubte Wirbelsäule zu haben. Jedoch, es half nun nichts mehr und so unterschrieb ich. Einen solchen Moment im Leben nenne ich: Sterbebereit sein. Ich mache mich bereit, alle Wünsche, alle Träume und Hoffnungen auf ein sorgenfreies Leben loszulassen und übergebe das Schicksal dem Strom des Lebens und möglicherweise, wie in diesem Fall, in die Hände eines anderen Menschen. Ich mache mich bereit, das eigene Ego, die Persönlichkeit, die aus allem besteht, was ich bis jetzt geworden bin, was ich mir erarbeitet habe, wie ich mich erlebe und worauf ich vielleicht auch stolz bin – das alles gewissermaßen sterben zu lassen, die Kontrolle vollkommen aufzugeben und Ja zu sagen, zu dem was kommt. Was es auch heißen möge. Insofern hatte meine Mutter Recht, als sie mir auftrug, einen Ordner für meine Beerdigung anzulegen.

Für mich war es tatsächlich wie der Gang zum Schafott. Körperliche Bewegung bedeutete mir so viel, weil ich mich nur in der Bewegung vollständig spüren, erleben und ausdrücken konnte. Dennoch musste ich mich der Tatsache stellen, am nächsten Morgen in den OP-Saal geschoben zu werden, und keine Ahnung zu haben, wie ich hinterher wieder herauskäme. Trotz allem war ich froh zu wissen, dass es Ioana sein würde, die mich durch diese Stunden der vollkommenen Ohnmacht und Bewusstlosigkeit führen würde.

Wenn ich meine Ängste loswerden will, muss ich genau dahin gehen, wo sie auf mich warten. Dies ist eine alte Weisheit, der ich auf drastische Weise ins

Auge sah. – Merkwürdigerweise schlief ich in dieser Nacht gut ein. Der Schlaf war ruhig und tief.

Im Krankenhaus wird früh geweckt. Da ich nüchtern bleiben musste, gab es am Morgen nicht viel für mich zu tun. Um halb acht Uhr war es so weit. Ich wurde abgeholt. Bis zum Beginn der OP war ich hellwach, wenn auch sehr ruhig, als ich in der Schleuse zum OP-Saal von den Narkoseärzten auf den Eingriff vorbereitet wurde. Ich wurde vom Bett auf eine Liege gelegt, vom Krankenhaushemdchen befreit und mit einer warmen grünen Decke zugedeckt und bekam alle möglichen Kanülen in die Armvenen gelegt. Die OP-Schwestern erklärten mir auf warme und zugewandte Weise, was sie taten und was als nächstes auf mich zukommen würde. Und dann kam dieser Augenblick, in dem es hieß: »Sie bekommen jetzt etwas Sauerstoff zum Einatmen.« Knips, das Licht war aus. Vollkommen aus.

Wie ich hinterher erfuhr, hatte diese erste Operation elfeinhalb Stunden gedauert. Der Tumor war leicht zu erreichen, weil er den Knochen des Kreuzbeines fast komplett verdrängt hatte. Aber er war eben sehr groß und schwierig zu operieren, da er so weit ins kleine Becken wuchs. Die Gefahr, Nerven zu verletzen, war enorm. Ioana stellte sich dieser Aufgabe mit großer Genauigkeit und Liebe. Ohne Pause verkleinerte sie in stundenlanger Feinarbeit den Tumor, soweit es ging. Es war selbst für ihre erfahrenen und gesegneten Chirurgenhände eine ausgesprochen herausfordernde Arbeit.

»Ich bin immer wieder an den Punkt gekommen aufzuhören«, erzählte sie mir später, »und dann habe ich aber doch noch ein bisschen weitergemacht. Ich hatte immer die Hoffnung, noch etwas mehr entfernen zu können, um dir das Leben wieder ein bisschen leichter zu machen. Irgendwann bin ich mit den Instrumenten nicht mehr vorangekommen. Der Tumor ist einfach schon zu tief und zu weit ins kleine Becken gewachsen und deshalb musste ich aufhören.«

An den Moment des Aufwachens im Aufwachraum erinnere ich mich noch deutlich. Für Krankenhausverhältnisse war es schon spät am Abend und so war ich die letzte Patientin. Mein Bruder und Wolf durften dabei sein, als ich zu mir kam. Um das Bett, in dem ich erwachte, standen deshalb viele Menschen. Ioana auf meiner linken Seite, Gerderot, Wolfs Neffe, der als »Schutzengel« die ganzen vielen Stunden der Operation nicht von Ioanas Seite gewichen war, Wolf und mein Bruder am Fußende.

Es fiel mir schwer, nach dieser langen Narkose die Augen zu öffnen. Sie tränten fürchterlich. Zuerst wurde ich mir meines Körpers bewusste, der überall schmerzte. »Mir tut alles weh...«: Ich erinnere mich genau an diese, meine ersten Worte, die ich sprach. Und an diese sorgenvollen Augen aus allen Gesichtern um mich herum.

»Und dein Bein?«, fragte Ioana.

Das war ein merkwürdiger Moment. Dieser Schmerz in meinem linken Bein, der mich seit Jahren begleitet hatte. Jetzt suchte ich ihn und nun fand ich ihn auf einmal nicht mehr! Es war so, als würde ich mit einem Fühler aus Licht aus meinem Kopf in mein Bein leuchten und das, was ich suchte, nicht finden. Das war erstaunlich und beglückend zugleich. »Nein«, sagte ich, »keine Schmerzen in meinem Bein.« Als nächstes sollte ich versuchen, meine Beine zu bewegen. Siehe da, es gelang. Ich konnte meine Beine bewegen. Was für eine riesige Erleichterung und welche Last fiel von uns allen ab!

»Und mein Rücken?«

Einen Augenblick war Stille im Raum. Ich erinnere mich noch deutlich. Mein Bruder stand mir direkt gegenüber am Fußende. Ich sehe noch seine liebevollen, dunklen Augen auf mir ruhen. Und dann sagte er ruhig und klar: »Ja, sie mussten ihn verschrauben. Es ging nicht anders.«

Ich lag da, regungslos, denn jede kleinste Bewegung tat mir schrecklich weh, und ließ die Nachricht auf mich wirken. Nichts wehrte sich in mir dagegen. Ich nahm es einfach an. So war es eben jetzt. Dennoch liefen Tränen aus meinen Augen, aber ich glaube, mein Körper weinte einfach so wegen der Anstrengung des letzten Tages. Eine Operation von diesem Umfang ist eine Strapaze und die Tränen waren ein Ausdruck dafür.

Im Anschluss wurde ich auf eine Intensiv-Überwachungsstation gebracht. Die ganze Nacht über kam immer wieder jemand, um nach mir zu schauen, den Blutdruck zu kontrollieren und um sicher zu gehen, dass ich alles gut verkraftete. Bis zum Morgen hatte dies auch den Anschein. Die Narkose wirkte nach und ich schlief immer wieder ein oder dämmerte vor mich hin. Nur bewegen konnte ich mich nicht. Es schmerzte zu sehr. Ich lag also weiter vollkommen still, die ganze Nacht über. Während der Operation hatte ich auf dem Bauch gelegen, jetzt lag ich auf dem Rücken und fühlte diese riesige Wunde unter mir.

Dann kam der Morgen. Je mehr Zeit verstrich, desto mehr Schmerzen bekam ich. Besonders im Bereich der Wunde nahm ich die stärkste Veränderung wahr. Ich hatte das Gefühl, dass von dort ein Feuer ausging. Und dieses Feuer breitete sich immer weiter auf meinen Körper aus. Irgendwann hatte ich solche Schmerzen, als wäre ich bei lebendigem Leibe verbrannt. An diesen Zustand und diese Schmerzen erinnere ich mich gut. Daran, dass ich geschrien hatte vor Verzweiflung und alle auf der Station völlig verwirrt und ratlos waren, weil sie nicht wussten, was sie mit mir machen sollten, daran erinnere ich mich nicht. Das erzählte mir Wolf erst hinterher. Ich erinnere mich aber an die besorgte Frage von Ioana: »Was ist denn los, Annette?«

»Ich habe solch furchtbare Schmerzen im Rücken.«

Da die Narkoseärzte keinen Rat wussten, ließen sie eine Schmerztherapeutin kommen. Eine groß gewachsene, üppige, etwas burschikos aussehende Frau betrat den Raum. Sie kam an mein Bett und sprach mit mir. Dann schaute sie sich meine Akte an. Das musste ein »Damaskuserlebnis« in ihrem Leben als Ärztin gewesen sein, so ein Moment, den man nie wieder vergisst. Sie beschrieb es mir hinterher so: »Mir hat es vor Schreck fast den Boden unter den Füßen weggezogen.« Sie kam wieder an mein Bett.

»Wo stehen Sie auf der Schmerzskala von eins bis zehn, Frau Merklin?«

»Bei zehn oder höher.«

»Ja«, antwortete sie, »das kann ich mir vorstellen.«

Was war geschehen? Wie ich schon andeutete, hatte ich den Hinweis meines Schmerztherapeuten in Berlin überhört und es versäumt, in der Klinik mit einem Schmerztherapeuten zu sprechen. Und so war niemand da, der einschätzen konnte, wie hoch meine Opiatabhängigkeit tatsächlich war. Meine tägliche Dosis war so hoch, wie man es nur in seltenen Fällen im Endstadium von Krebs kennt. Liegt aber eine solche Opiatabhängigkeit vor, die nicht zu verhindern ist, wenn man diese Art von Schmerzmitteln braucht, muss man aufpassen, dass der Patient nicht in einen Entzug gerät.

Die Gefahr einer Atemlähmung bestand bei mir schon lange nicht mehr, so sehr hatte mein Körper sich an diese Medikamente gewöhnt. Ein unkontrollierter Entzug war die eigentliche Gefahr. Im Prinzip war meine Situation vergleichbar mit der eines Junkies. Dies war hier also das Problem. Ich erlebte einen kalten Opiatentzug. Und das nach einem schweren chirurgischen Eingriff. Mein Körper befand sich sowieso in einem Zustand, der mehr als außergewöhnlich war. Kein Wunder also, dass ich die Station vor Schmerzen zusammenschrie.

Aus den vielen Berichten von ehemaligen Drogenabhängigen sind mir die Qualen, die ein kalter Entzug bedeutet, hinlänglich bekannt. In meinem Fall kam das Ganze erstens überraschend und zweitens zu einem Zeitpunkt, an dem mein Körper den Stress des Eingriffs, den jede Operation bedeutet, verarbeiten musste. So kann ich heute den Schreck der Schmerztherapeutin gut verstehen. Zum Glück wusste sie, was sie tun musste.

»Frau Merklin, wir müssen ihre Rezeptoren umdrehen«, sagte sie. »Dafür muss ich Ihnen ein Medikament geben, das spritzen sich die Leute am Bahnhof. Es heißt Ketanest. Sie werden merkwürdige Erlebnisse haben, aber Sie brauchen sich nicht zu fürchten, wir sind für Sie da. Danach wird es Ihnen besser gehen.«

Mir war es egal, was sie mit mir taten. Die Hauptsache war, was ich da erlebte, hörte wieder auf. Ich bekam also einen Beatmungsschlauch in die Nase geschoben und über die Vene jenes Wundermittel.

Oh, war das merkwürdig. Ich wurde ruhig. Die Decke des Raumes kam mir nahe, ich konnte die Struktur der Tapete genau erkennen und plötzlich schmeckte ich sie. Ein komischer, mehlig trockener Geschmack erschien auf meiner Zunge. Eindeutig, so schmeckte Tapete.

Jedes Mal, wenn sich mir jemand näherte, sah ich in ein ganz komisch in die Länge gezogenes, grimassenhaft verzerrtes Gesicht. Ich weiß noch, dass ich bei vielen die Gedanken »lesen« konnte, bevor sie sie ausgesprochen hatten, und aus manchen Köpfen kamen Schlangen.

Mir gegenüber an der Wand hing eine große Uhr. Ich erinnere mich, dass ich den Eindruck hatte, dass Zeitsprünge stattfanden und die Zeiger gleichzeitig stillstanden. Immer wieder fragte ich meinen Bruder und Wolf, die die meiste Zeit da waren, ob es mir gut gehe. Sie bejahten diese Frage und ich war für eine Weile beruhigt.

Es ist ein langer Weg gewesen und hatte mich viel Überwindung gekostet, mich in mein Schicksal zu ergeben und mich dieser Operation zu stellen. Der erste Tag danach gehörte zu den erlebnisintensivsten, die ich je hatte. Auch wenn es naheliegend ist, sich empört zu fragen, wie so etwas in einem Krankenhaus in Deutschland passieren kann, habe ich doch eine andere Haltung. Ich hatte einen deutlichen Hinweis seitens meines Schmerztherapeuten erhalten.

Die Tatsache, dass ich diesen aus irgendeinem Grund überhört hatte, brachte mir eine Erfahrung, die ich womöglich sogar gesucht hatte. Wer weiß? Sicher aber hätte ich ein bestimmtes Erlebnisspektrum meiner Seele und meines Geistes nicht am eigenen Leibe kennengelernt. Bisher kannte ich Schilderungen, wie ich sie nun selbst erlebte, nur aus der entsprechenden Literatur. Auch hätte ich die Begegnung mit dieser Schmerztherapeutin nicht gehabt. Eine Begegnung, wie ich sie nie wieder vergessen werde. Sie erschien mir wie ein rettender Engel, als ich in höchster Not war. Diese Güte und Zuwendung, mit der sie mit mir sprach, zu einem Zeitpunkt, als ich dabei war, den Verstand zu verlieren!

Da muss ich an den Satz meines leider schon verstorbenen Freundes Jochen denken. Ich habe ein paar entscheidende Sätze von ihm über das Leben gelernt. Kein Wunder, er war 20 Jahre älter als ich, Philosoph und ein weiser Mensch. Er sagte mir: »Das Problem vieler Menschen ist ihre Angst, Erfahrungen zu machen, Annette. Dadurch verpassen sie das Leben. Sie wollen, dass immer alles glatt und problemlos läuft. Das Leben besteht aber darin, Erfahrungen zu machen, und zwar jede Form von Erfahrung. Echte Erfahrungen. Besonders solche, die weh tun. Das ist noch intensiver, als Erlebnisse zu haben. Nur dadurch aber wird die Seele reich. Dies ist die einzige Form des Reichtums, auf die es letztendlich ankommt.«

Damals stimmte ich ihm bedenkenlos zu. Ich erinnere mich noch gut, wie wir an einem warmen Sommertag ins Gespräch vertieft durch Stuttgart spazierten. Es war mir sofort einleuchtend, was er sagte, und in meinem jugendlichen Leichtsinn dachte ich, dass ich bereit war, Erfahrungen zu machen, nein, dass ich es sogar unbedingt wollte. Im Laufe meines Lebens war ich dann allerdings zunehmend überfordert mit all den Erfahrungen, die das Leben mir brachte und für mich bereithielt. Erfahrungen machen und damit adäquat umzugehen, sind möglicherweise zwei Paar Schuhe... Nach ein paar Stunden jedenfalls war die Halluzinationserfahrung vorbei. Ich bekam eine sogenannte Schmerzpumpe an mein Bett. Damit konnte ich mir selbst Morphium verabreichen, wenn ich es brauchte und kam dadurch in einen Zustand, wie er schmerztherapeutisch vertretbar war.

Leider stellten meine Ärzte in der postoperativen CT-Kontrolle fest, dass die Schrauben in meiner Wirbelsäule schlecht lagen. »So können wir es auf keinen Fall lassen, eine deiner Hüften ist blockiert und es besteht nach wie vor die Gefahr der Instabilität der Wirbelsäule«, erklärte mir Ioana. Und so musste ich eine weitere bittere Pille schlucken. Die Wunde musste eine Woche später nochmals geöffnet werden, um die Lage der Schrauben zu korrigieren. Das war hart für mich. Es gab aber keine Alternative und so fügte ich mich wieder und ließ es geschehen.

Mit Abstand betrachtet erkenne ich, dass dieses Sich-immer-wieder-fügen, die Dinge annehmen und ertragen, wie sie eben sind, eine gute Strategie ist, um mit einem schweren Schicksal fertig zu werden, aber auch viel Kraft kostet. Besonders, wenn man das Handwerkszeug dafür noch nicht hat und diese Erlebnisse vor allem versucht, mit stoischer Ruhe *auszuhalten* – aushalten, tapfer sein, wieder aufstehen und weitermachen, das Schreckliche so schnell wie möglich vergessen und zum Alltag zurückkehren, koste es was es wolle. Eine andere Strategie hatte ich nicht zur Verfügung.

Zwar hatte ich den Satz meines Freundes immer wieder im Kopf, ich hatte ihm ja auch zugestimmt. Und dennoch – eigentlich fürchtete ich mich täglich mehr davor, weiterhin diese Art der Erfahrungen zu machen. Mein Weg in die Selbstermächtigung bestand deshalb vor allem darin zu begreifen, dass jede dieser Erfahrungen wichtig für mich war. Jede dieser Erfahrungen hatte mich reich und zu der gemacht, die ich heute bin. Es ist ein hartes mentales Training. Es fällt mir nicht in den Schoß. Aber es funktioniert.

Nachdem die Schmerztherapeutin den Aufstand in meinem Gehirn wieder besänftigt hatte und meine Rezeptoren das Morphium aufnehmen konnten, ging es darum, mit dem geregelten Entzug zu beginnen.

»Bei dieser hohen Dosis werden Sie sehr lange brauchen, bis Sie von dem Zeug frei sind. Wenn Sie es überhaupt jemals schaffen. Viele Patienten kommen nie davon los.«

»Was meinen Sie, wie lange wird es dauern?«, fragte ich.

»Mindestens drei Monate müssen Sie schon rechnen, bis Sie clean sind.«

Ich fand diese Vorstellung schrecklich. Drei Monate? So ein Entzug geht mit den bekannten Entzugserscheinungen einher: Schweißausbrüche, Herzrasen, Unruhe, Zuckungen der Gliedmaßen und Schlaflosigkeit. In meinem Fall hieß Schlaflosigkeit, überhaupt keinen Schlaf mehr zu haben. Ich war aufgekratzt, hatte einen unglaublichen Bewegungsdrang und wäre in dem Krankenhausbett fast durchgedreht. Ich erinnere mich noch, dass ich unbändige Lust hatte zu tanzen. Da das aber nicht möglich war, hörte ich in der Nacht stundenlang meine liebsten Tangostücke über Kopfhörer und tanzte mit meinen Händen, während meine Mitpatienten in ihren Betten lagen, stöhnten oder schliefen und die Geräte piepsten.

Nachdem die Schrauben korrigiert worden waren, wollte ich nun so schnell wie möglich wieder auf die Beine kommen. Und so wurde ich zwei Tage nach diesem Eingriff tatsächlich auf die Normalstation verlegt. Allerdings hatte ich die Herausforderung, die der Wechsel für mich bedeuten würde, unterschätzt.

Der Entzug machte mir zu schaffen. Um die Symptome zu lindern, bekam ich einen Blutdrucksenker. Diese Tabletten nahm ich wie Bonbons zu mir.

Nachdem ich mich nach ein paar Tagen einigermaßen stabilisiert hatte, entschieden wir, mir eine Blasenfistel zu legen. Die Gefahr einer Inkontinenz war gebannt, allerdings war das umgekehrte Problem eingetreten. Ich konnte weder spontan Wasser lassen noch Stuhlgang haben. Deshalb hatte ich zunächst einen Blasenkatheter. Um mich von diesem zu befreien, bekam ich also eine Blasenfistel. Dafür machte man einen kleinen Schnitt vom Bauch in die Blase und legt einen Schlauch mit Verschluss in das Organ. Wenn ich Harndrang verspürte, konnte die Blase dann über diesen Schlauch entleert werden. Von außen sieht man unter der Kleidung nichts. Was für eine riesige Erleichterung nach über zwei Wochen von Beutel und Blasenkatheter befreit zu sein!

Nun war ich aus medizinischer Sicht bereit für eine Reha. Diese war auch notwendig. Erstens waren die Operationen strapaziös, zweitens stand der Opiatentzug ganz oben auf der Liste und drittens musste ich lernen, mit meinem neuen, verschraubten Körper zu leben, der sich anfühlte, als sei der ganze Rumpf in eine Kiste eingesperrt. Festgeschraubt eben.

Ich war als Eurythmistin vorher sehr beweglich gewesen. Nun war ich steif. So sagt man ja auch: eine »versteifte Wirbelsäule«, die nur durch ein Gestell aus Titan und vielen Schrauben stabil gehalten wird. Zwar bestand anfangs die Hoffnung, dass ich dieses Gestell irgendwann nicht mehr spüren würde, aber das trat nicht ein. Bis heute spüre ich die Schrauben. Jeden Tag. Man kann sie von außen ertasten. Auf harten Unterlagen auf dem Rücken zu liegen, ist schmerzlich und mir fast unmöglich und oft tun sie mir auch in meinen Bewegungen weh – besonders, wenn ich viel liege, zu lange stehe oder lange gehe oder wandere. Aber ich habe gelernt, mit ihnen zu leben. Sie gehören heute zu mir, wie alles andere auch an meinem Körper. Ich habe sie sogar liebgewonnen, weil ich weiß, dass sie mir Stabilität geben.

Leider kann ich nur noch sehr kurze Strecken rennen. Das ist ein Verlust, weil ich so gern joggte, früher, in meinem ersten Leben. Aber dafür kann ich alles andere wieder tun: Eurythmie, Tanzen, Yoga, alles ist wieder möglich. Natürlich nicht sofort, doch durch achtsames, unermüdliches Training gehen auch diese Bewegungen wieder.

Ich kam also in eine orthopädische Rehaklinik nach Füssen im Allgäu. Dort ging es mir meist gut. Ich hatte ein Zimmer mit Blick auf das Märchenschloss Neuschwanstein. Auch hier schlief ich praktisch nicht, weil der Entzug mich dermaßen wachhielt. Es war auch ein wenig meine eigene Verantwortung. Da ich das Ganze so schnell wie möglich hinter mich bringen wollte, reduzierte ich in größtmöglichen Schritten. Mit dem betreuenden Arzt geriet ich dadurch aneinander.

»Ich möchte, dass Sie in viel kleineren Schritten vorgehen. Sie haben genug durchgemacht und sollten ihren Organismus und sich selbst schonen.«

Er kannte mich ja nicht und konnte nicht wissen, dass Abhängigkeit von was auch immer, so unangenehm für mich ist, dass ich den Entzug in einem Affenzahn durchziehen wollte. Drei Monate hatte man mir mindestens prognostiziert, bis ich clean wäre. Nicht mit mir! Ich zog es mit eiserner Härte in vier Wochen durch. Danach war ich opiatfrei. Aber nicht entzugssymptomfrei. Das dauerte Monate. Dennoch, das Zeug war ich los.

Damit ich nicht von einer Abhängigkeit in die andere rutschte, verzichtete ich darauf, den Entzug mit Schlafmitteln zu begleiten. Vor diesem Fehler hat mich glücklicherweise Wolfs bester Freund Dietrich bewahrt. Er ist Pharmazeut und sagte mir: »Irgendwann wirst du schon wieder schlafen, Annette. Momentan musst du nicht arbeiten und es ist besser, wenn du es irgendwie so schaffen kannst. Von Benzodiazepinen wirst du genauso schnell abhängig wie von Opiaten.« So schaffte ich es ohne. Schlaflosigkeit war ich gewöhnt, aber immerhin war ich schmerzfrei und konnte wenigstens fernsehen. Lesen konnte ich noch nicht wieder. Es dauerte länger, bis meine Konzentrationsfähigkeit wieder so weit hergestellt war. Die innere Unruhe war grausam. Trotzdem, ich wollte es unbedingt schaffen.

Und dann durfte ich endlich nach Hause. Nach fast sieben Wochen kam ich als »neuer« Mensch zurück nach Berlin. Es stimmte schon. Ich war »gestorben« und wurde »neu« geboren. Klar war, ich wollte so schnell wie möglich wieder fit werden, um zu arbeiten und in mein altes Leben zurückzukehren. Allerdings nicht ganz.

Vor meiner Erkrankung war ich in vielem sehr diszipliniert. Nach meiner Rückkehr gab es den Genussverzicht in meinem Leben nicht mehr. Durch die Medikamente durfte ich keinen Alkohol trinken und in den Jahren zuvor hatte ich auch nicht getrunken.

Nun, da ich wieder Lust verspürte, Lust zu leben in erster Linie, schwor ich mir, nie wieder auf etwas zu verzichten. Das ist bis heute ein starkes Motiv in mir. Wenn ich Lust zu etwas habe, dann tue ich es fast immer. Es sei denn es gibt einen sehr triftigen Grund, es nicht zu tun. Ich erlebte den Genuss- und Lust-Verlust so schmerzlich, dass ich heute weiß, ich lebe jetzt und was ich jetzt tun will, das tue ich.

Und so arbeitete ich vom Tage meiner Rückkehr an hart darauf hin, wieder fit zu werden. Ich trainierte meine Blase. Immer häufiger schaffte ich es, immer größere Mengen Wasser direkt zu lassen. Über die Mengen führte ich ein Protokoll und da war der Fortschritt deutlich zu sehen. Nach ein paar Monaten sagte mein Urologe zu mir: »Frau Merklin, Sie sind noch zu jung für so eine Fistel und sie haben gut trainiert. Sie brauchen das jetzt nicht mehr.« Und schwupp, entfernte er sie mir. Einen Moment war ich in Panik. Er sah mich aus seinen großen gütigen Augen aufmunternd an. Ein attraktiver Mann, nebenbei erwähnt, der an mich glaubte und mir dadurch die Zuversicht gab, es zu versuchen.

Als ich das erste Mal wieder vor einer Klasse stand und unterrichtete, war es auch hier, als wäre ich ein anderer Mensch. Alles, worum ich vorher kämpfen musste, lief wie von selbst. Ich war im Flow! Später kamen auch wieder Herausforderungen, aber andere als zuvor. Offensichtlich hatte die drastische Erfahrung der letzten Monate mich reifen lassen, sodass ich in der Lage war, ganz anders mit meinen Schülern in Kontakt zu kommen.

Ich genoss das Leben wie nie zuvor. Ich genoss alles. Egal ob Streit oder Freude, alles war Leben, alles war lebendig, alles war großartig! Eine meiner Kolleginnen fragte mich, ob ich zusammen mit ihr ins Konfliktmanagement unserer Schule einsteigen wolle. Auf diese Weise kam ich in den Genuss einer Mediatoren-Ausbildung und konnte mein professionelles Spektrum unerwartet erweitern. Daraus folgte eine fünfjährige intensive und erfolgreiche Zusammenarbeit, die mich weiter aufbaute.

Der Gang durch dieses tiefe Tal der Tränen hatte mich über mich hinauswachsen lassen. Und so folgten anderthalb intensive Jahre, in denen ich das Leben mit ganz neuem Elan anpackte und sehr intensiv lebte. Ich war gerade 31 Jahre alt geworden.

Aus Leben wird wieder Überleben – und dann?

Leider hatte sich unsere Hoffnung, dass der Tumor nach der ersten Operation nicht mehr wachsen würde, nicht bestätigt. Er wuchs weiter, besonders der Anteil im kleinen Becken, den Ioana nicht erreichen konnte. Bestrahlen und Chemotherapie kamen zu diesem Zeitpunkt nicht in Frage. Und so half es nichts. Ich musste wieder unters Messer. Dieses Mal vom Bauch aus.

Ich war erschöpft von der Art, wie ich die letzten anderthalb Jahre gelebt hatte: volle Leistung bringen, obwohl ich gerade die schwerste Krise meines Lebens hinter mir hatte, und danach alles mitnahm, was irgend möglich war. Nun stand die nächste große Operation bevor, eine schwierige, so tief im kleinen Becken, wo viele wichtige Gefäße und Nervenbahnen laufen. Aber es gab keine Alternative.

Die Vorbereitungen zu diesem Eingriff waren eine einzige Tortur. Damit der Harnleiter unter der OP nicht verletzt wurde, musste dieser »geschient« werden. So konnten die Chirurgen ihn ertasten. Dafür wurde eine Schiene über die Harnröhre und die Blase in den Harnleiter geschoben. Weil dies gemeinhin sehr schmerzhaft ist, bekam ich eine hohe Opiatdosis verabreicht. Diese allerdings vertrug ich nicht: Kurz danach musste ich mich über Stunden erbrechen. Immer und immer wieder. Man versuchte alles, was medizinisch möglich war, um mich von diesem Übel zu befreien, es half nichts. Spätestens alle zwanzig Minuten überkam mich ein solcher Brechreiz, dass ich glaubte, sterben zu müssen. Es ging über Stunden und strengte meinen Körper sehr an. Meine Psyche brachte diese Erfahrung an die Grenzen ihrer Möglichkeiten.

Glücklicherweise zeigten Ioana und die Gefäßchirurgen wieder ihr ganzes Können. Die Operation war gut verlaufen. Außer einer zweiten großen Narbe trug ich keine weiteren sichtbaren Schäden davon.

Tragisch war nur, dass der Tumor nach einem Jahr erneut gewachsen war und ich durch die gleiche Prozedur noch ein zweites Mal durch musste. Wenn ich jedoch einmal eine traumatische Situation erlebt habe – und das Schienen des Harnleiters war eine solche – und ich weiß, was mir blüht, dann kann es passieren, dass alles nur noch schlimmer wird. Meine Angst vor dem, was mir bevorsteht, entwickelt sich zur selbst verstärkenden Spirale. Und so war es in diesem Fall auch. Es war einfach nur grauenvoll.

Weil wir wussten, wie die Sache ablaufen würde, und Wolf im Jahr davor schon schrecklich gelitten hatte, weil er mir nicht helfen konnte, schickte ich ihn zu seinem Bruder. Ich glaube, es war die richtige Entscheidung, denn so fühlte ich mich nicht verantwortlich, es irgendjemandem in meinem Umfeld leichter zu machen, wenn er mich so leiden sah. Und dennoch, es ist sehr einsam, wenn man das Gefühl hat, sterben zu müssen, und keiner ist da, der einem beisteht.

Ansonsten verlief auch diese Operation gut und hinterließ keine größeren körperlichen Spuren außer dieser zwanzig Zentimeter großen Narbe am Bauch. Allerdings weiß ich heute, dass die Spuren auf meiner Seele, durch den Stress, den ein solcher Eingriff bedeutet, doch erheblich gewesen waren. Dies wollte ich lange nicht wahrhaben. Erst als ich begann, zu akzeptieren, dass ein Leben mit einer schweren Erkrankung eigentlich Belastung genug ist, begriff ich, dass diese Erfahrungen als Stressoren in meinen Zellen gespeichert sind, so wie die Übergriffe aus meiner Kindheit eben auch.

Und nach einem weiteren Jahr ging das ganze Drama von vorne los.

Bisher kannte ich Schmerzen nur in meinem linken Bein. Ein Jahr nach dem dritten Eingriff, als ich 35 Jahre alt war, begannen sie rechts. Fürchterliche Schmerzen.

Wenn mich eine Schmerzattacke ereilte, war es mir unmöglich, irgendeine Position zu finden, in der ich es länger als ein paar Minuten aushielt. Nicht im Sitzen, nicht im Liegen, nicht im Stehen. Maximal im Gehen vielleicht noch, bis auch das nicht mehr ging. Doch wenn ich nicht liegen kann, kann ich auch nicht schlafen, und wenn ich nicht schlafen kann, steigt das Erschöpfungsniveau irgendwann ins Unermessliche.

Oft hielt ich es nachts nur in einer verdrehten Haltung auf dem Boden sitzend aus. Ähnlich dem Drehsitz im Yoga. Den Kopf legte ich auf einem Stuhl ab. So verbrachte ich viele Nächte. Manchmal schlief ich in dieser Position ein, um dann einige Zeit später zu erwachen, weil meine Beine taub geworden waren. Es dauerte lange, bis die Durchblutung wieder normal zirkulierte. Manchmal hatte ich das Gefühl, dass die Beine abgestorben waren.

Operieren kam nicht mehr in Frage. Würde man wieder eingreifen, wären die Schäden nicht mehr zu vermeiden. Ich hielt also durch, mal besser, mal schlechter, aber ich lebte nicht. Die einzige Größe, die ich noch kannte, war zu funktionieren, damit wenigstens das, was ich hatte, erhalten blieb.

Mein Umfeld wollte ich so wenig wie möglich von meinem Kampf merken lassen. Denn hätte ich mich offenbart, wäre ich nicht nur mit meiner eigenen Ohnmacht konfrontiert gewesen. Dann hätte ich mich zusätzlich mit den ganzen gut gemeinten Ratschlägen der anderen auseinandersetzen müssen. Möglicherweise hätte mein Umfeld mir geraten, kürzer zu treten, und mich weniger anzustrengen, sprich weniger zu leisten. Das war aber nun gerade so wichtig für mich: leistungsfähig bleiben.

In einer Gesellschaft wie der unseren ist Leistung, die jemand erbringt, das, was zählt, es ist sozusagen die Währung. Und für einen »Leistungsträger« wie mich war die Vorstellung, keine Leistung zu bringen, so bedrohlich, dass ich unbedingt meinen Beitrag leisten wollte, um eine Existenzberechtigung, einen Platz und vor allem einen Sinn zu haben.

In dieser Phase suchte ich erneut meinen Schmerztherapeuten auf: »Auf keinen Fall will ich wieder Opiate nehmen. Diese Erfahrung und der Entzug danach waren so schrecklich, das will ich nicht noch einmal durchmachen«, sagte ich ihm. »Gibt es vielleicht Alternativen? Zum Beispiel Cannabis?«

Der Teil meiner Geschichte, der nun begann, war ein bisschen lustig: Seit einigen Jahren war ich die Drogenbeauftragte unserer Schule. Und genau ich begann nun, mit Cannabis zu experimentieren. Mein Schmerztherapeut hatte nichts dagegen. So besorgte ich mir größere Mengen von dem »Zeug« – natürlich erst, nachdem ich probiert hatte, ob es wirkt. Und ja, es wirkte. Es war ein sehr angenehmes »Schmerzmittel«. Denn dort, wo ich normalerweise Schmerzen hatte, fühlte es sich so an, als laufe ein warmes, helles Licht durch meine Beine.

Zu Anfang brauchte ich nicht sehr viel »Stoff«. Wolf besorgte mir eine Cannabispfeife, sodass ich das Kraut pur rauchen konnte. Es gelang mir, die Dosis so einzuteilen, dass ich im Kopf einigermaßen klar blieb und man von außen wenig merkte. Zum Glück war ich hauptsächlich nachts gepeinigt, sodass ich tagsüber oft ohne auskam. Es war sehr speziell, morgens noch leicht benebelt in die Schule zu gehen, wissend, dass ich Drogenbeauftragte war und selbst vermutlich die höchsten THC-Werte von allen im Blut hatte. So hangelte ich mich also von Monat zu Monat. Manchmal ging es etwas besser mit den Schmerzen und ich brauchte nichts und dann fing es erneut an.

So richtig los ging es knapp zwei Jahre nach der letzten Operation. Wir waren in den Sommerferien auf Mallorca und eigentlich hätte es eine wunderschöne Zeit werden können. Für mich wurde es ein Horrortrip! Die Schmerzen wurden von Tag zu Tag schlimmer. Ich erinnere mich besonders an eine Situation: Eines Abends war ich allein zu Hause. Wolf, mein Bruder und seine Freundin waren »ausgeflogen«. Da ereilte mich eine so heftige Schmerzattacke, wie ich sie selten erlebt hatte. Die Schmerzen in meinen Beinen und meinem Becken wurden so drängend, dass mir übel wurde, ich Schweißausbrüche bekam und drohte, in Ohnmacht zu fallen. Ich bekam ein derart schmerzhaftes Gefühl, als ob mir das Becken zersägt würde. Das Problem war: Ich wusste nicht, wo Wolf den »Stoff« versteckt hatte, und auch nicht, wie man sich einen Joint dreht. Die Pfeife hatten wir zu Hause gelassen. Ich kroch durchs Haus und suchte dieses verdammte Zeug. Als ich es endlich gefunden hatte, brauchte ich eine Ewigkeit, um mir »einen« zu bauen. Erstens zitterte ich am ganzen Körper und zweitens war ich so ungeschickt. Als ich es endlich geschafft hatte, weinte ich fast vor Erleichterung.

Ich ging auf die Terrasse und zündete mir den erlösenden Joint an. Es war ein solcher Genuss, wie ich ihn mit Worten nicht beschreiben kann. Nach ein paar Zügen ließen die Schmerzen nach und ich begann zu fliegen. Ja, ich hatte überdosiert. Doch das war mir egal. Ich flog. Ich hörte eine alte Frau, die mir aus einem Oleanderbusch, der üppig blühte, merkwürdige Sachen zuflüsterte. Auch das war mir egal. Ich war für ein paar Stunden schmerzfrei und das war das Einzige, was zählte. Als Wolf zurückkam, musste er einigermaßen erstaunt gewesen sein über den Zustand, in dem er mich antraf. Zwar hatte ich es mit der Dosis schon öfter etwas übertrieben, aber so heftig war es noch nie gewesen. Allerdings war nach diesem Abend auch klar: So konnte es auf Dauer nicht weitergehen. Ich brauchte wieder eine »professionelle« Schmerztherapie.

Ich entschied mich für einen Aufenthalt in der Klinik meines Schmerztherapeuten. Und ich wusste, dass ich eines auf keinen Fall wollte: Opiate. Alles, nur das nicht, denn dann, befürchtete ich, würde ich nach kurzer Zeit mental in der gleichen Weise von meinem Umfeld abgeschnitten sein, wie bereits ein paar Jahre zuvor.

Zum Glück waren mein Schmerztherapeut und sein Team versuchsfreudig. Nur: Wenn man experimentiert, können auch unerwartete Dinge passieren. Ziemlich schnell wurde deutlich, dass ich es mit synthetisch gewonnenen Cannabis-Tropfen in Kombination mit Gabapentin, jenem Medikament, das man bei Epilepsie verabreicht, versuchen sollte. Diese Tropfen mussten erst bestellt und hergestellt werden. Solange mussten wir es irgendwie anders versuchen.

Ich bekam also zunächst ein anderes Schmerzmittel. Wir hatten die Hoffnung, dass es wirken würde. Sollte dies nicht der Fall sein, hatte ich keine Wahl: Ich konnte nur heimlich vors Krankenhaustor gehen, um meinen Joint zu rauchen. Das Medikament half tatsächlich nicht und ich ging also vors Tor ... dann kam die Katastrophe. Bisher hatte ich meine Joints pur geraucht und meist ein Glas Rotwein dazu getrunken. In dieser Kombination war die Wirkung besonders gut und hielt länger an. Mit einem Schmerzmittel hatte ich Cannabis aber bisher nie kombiniert. Auf die nun eintretende Wirkung war ich tatsächlich nicht eingestellt. Ich bekam einen solchen »Trip«, dass man es selbst erlebt haben muss, um es sich vorzustellen.

Es ging zum Glück nicht sofort los, sondern erst, als ich wieder in meinem Bett lag, aber dann um so heftiger. Dass ich merkwürdige Bilder sah, wenn ich überdosiert hatte, kannte ich schon aus den letzten Monaten. Jetzt aber flog und wirbelte *ich* durch den Raum. Überall um mich herum waren Farben, Bilder, ständig wechselnde Formen, merkwürdige Geräusche und Ähnliches. Im ersten Moment war ich geschockt. Natürlich. Aber dann sagte ich mir: »Lass dich einfach fallen. Wenn du dich fallen lässt, kann dir nichts passieren. Nur wenn du versuchst, die Kontrolle zu behalten, wird es schlimm, weil dann die Panik kommt.« Und so habe ich es überstanden. Es war eine unglaubliche Erfahrung, eine, die ich mit einem anschließenden komatösen Schlaf und einem schockartigen Erwachen am nächsten Morgen bezahlen musste.

Als ich aufwachte, war mir speiübel. Ich stand vollkommen neben mir und konnte mich fast nicht auf den Beinen halten. Vor lauter Schreck heulte ich nur noch und das betreuende Personal war ziemlich verunsichert. Zum Glück kannte mein Schmerztherapeut meine Geschichte und konnte ein gutes Wort für mich einlegen. Zu meiner Erleichterung kamen schon bald die Tropfen und wir konnten beginnen, die richtige »Einstellung« zu finden.

Die Tropfen werden auf Weißbrot gegeben. Zum damaligen Zeitpunkt waren sie noch nicht offiziell zugelassen und ich musste sie selbst bezahlen. 400 Euro für ein paar Milliliter, die vier Wochen reichten. Aber sie wirkten. Sehr gut sogar. Und die Nebenwirkungen waren erträglich. Ein bisschen Schwindel, manchmal Benommenheit. Und dann kam die Erlösung. Jedenfalls in gewisser Hinsicht.

Über meinen betreuenden Neurologen war ich auf einen Professor aufmerksam gemacht worden, der in Hamburg forschte. Dieser experimentierte seit einigen Jahren mit dem Wirkstoff *Bevacizumab* bei gutartigen Tumoren. Es handelt sich um eine gängige Chemotherapie, die bei vielen Krebsarten eingesetzt wird. Das Medikament unterbindet die Blutgefäßbildung. Denn ab einer bestimmen Größe bildet jeder Tumor sein eigenes Blutgefäßsystem aus, da sein Nährstoffbedarf im Vergleich zu gesundem Gewebe erhöht ist. Darin verhalten sich gutartige und bösartige Tumoren gleich. Bei gutartigen Raumforderungen ist das erste Mittel der Wahl die Operation, weil eine Chemotherapie sehr teuer ist und das Wachstum lediglich gehemmt werden kann. Nur wenn ein Tumor inoperabel ist, gibt es in manchen Fällen Versuche mit Chemotherapie.

Zu diesem Professor nahm ich Kontakt auf, in der Hoffnung, dass auch mein Tumor auf die Therapie ansprach. Wir waren uns vom ersten Moment an sympathisch. Dieser herzensgute Mensch kümmerte sich rührend um mich und wir stellten einen Antrag bei der Krankenkasse, um mit diesem Medikament einen Behandlungsversuch zu unternehmen, wobei das Medikament sehr teuer und für meine Erkrankung eigentlich nicht zugelassen war. Ich hatte Glück. Meine Kasse stimmte zu und wir durften es probieren.

Das Medikament wurde per Infusion über die Vene verabreicht. Alle vierzehn Tage. Die Nebenwirkungen waren nicht unerheblich, aber in meinem Fall noch relativ gering. Müdigkeit, vorzeitige Menopause, verlängerte Wundheilung. Sonst nichts. Der Effekt war jedoch überraschend. Meine Schmerzen gingen so weit zurück, dass ich nach und nach komplett auf Schmerzmittel verzichten konnte. Zwar war ich durch den Vierzehntagerhythmus eingeschränkt und musste alles, was ich machen wollte, darum arrangieren, aber dafür, dass ich weitgehend schmerzfrei war und lange ohne neuerlichen Eingriff auskam, nahm ich diese Behandlung gern in Kauf.

Und dennoch. Mit dem Wissen zu leben, dass auch dies nur eine gewisse Weile möglich sein würde, weil irgendwann die Nieren Schaden nehmen oder andere Organe in Mitleidenschaft gezogen werden konnten, war eine andauernde Belastung. Es schränkte mich auch ein, mit dem Medikament an sich zu leben, von dem mein Professor immer sagte, dass es sich um »Rattengift« handeln würde, und natürlich wegen der Tatsache, dass ich nie viel länger als zwei Wochen weg sein konnte. Wenigstens war ich weitgehend schmerzfrei. Schmerzfrei zu sein, war so wundervoll für mich, das lässt sich mit Worten kaum beschreiben.

Eigentlich gab es also keinen äußeren Grund, warum ich nach fast zwei Jahren unter dieser Behandlung und im Alter von 38 Jahren dann doch – und ziemlich überraschend – einen totalen geistigen, emotionalen und auch körperlichen Zusammenbruch erlitt – es sei denn, man erkennt an, dass der Körper eines Menschen keine Maschine ist und dass es lediglich ein gewisses Maß an traumatischen Erlebnissen oder Stress- und Belastungssituationen gibt, die ein Organismus ertragen kann. Das ist von Mensch zu Mensch bestimmt verschieden. Es gibt Naturen, die sehr hart sind im Nehmen. Andere kommen früher an die Grenzen des für sie noch Erträglichen. Ich gehöre definitiv zu den harten Naturen. Mittlerweile wissend, dass das zum Problem werden kann.

Mir ist bewusst, dass die Lektüre bis hierher anstrengend war und manch einer selbst an die Grenzen seiner Empathiefähigkeit gekommen sein mag. Ich kann das gut nachvollziehen, weil es mir selbst so erging und ich erst lernen musste, wieder Mitgefühl mit mir und anderen zu entwickeln. Es war mir dennoch wichtig, dies alles zu erzählen, weil es meine Wahrheit ist.

Wer bist du, wenn du niemand bist?

Wer bin ich, wenn ich krank und gebrechlich bin, wenn vieles im Leben unmöglich geworden ist, was mir früher selbstverständlich war oder worüber ich meine Bedeutung erfuhr? Wer bin ich, wenn ich meinen Beruf verloren habe, der mir viel Freude bereitete, und mir dadurch nicht mehr die Möglichkeit zur Verfügung steht, in der Welt wirksam und mit ihr in Kontakt zu sein? Wer bin ich, wenn mein Partner sich von mir trennt, obwohl mir diese Partnerschaft viel bedeutete? Wenn sie mir Halt, Sicherheit und das Gefühl gab, liebenswert und wertvoll zu sein? Wer bin ich, wenn ich für diesen Menschen, für den ich lange einmalig war, plötzlich ohne Bedeutung bin und er mich sogar ablehnt?

Die einfache und sofortige Antwort würde vermutlich lauten: Dann bist du immer noch ein wertvoller Mensch, mit vielen Möglichkeiten, Potentialen und Eigenschaften. In der Theorie hätte auch ich diese Antwort jedem anderen Menschen in jeder Lebenssituation gegeben. In meiner eigenen Lebensführung handelte ich jedoch genau gegenteilig.

Der Unterschied zwischen *Selbstbewusstsein* und *Selbstwertgefühl* war mir lange nicht klar. Mir ist es wie Schuppen von den Augen gefallen, als ich darüber vor vielen Jahren erstmals in einem Erziehungsratgeber las. Wiederbegegnet ist mir diese Unterscheidung in einem Buch über Burnout von Fritz Helmut Hemmerich. Der Salutogenese-Experte schreibt: »Selbstbewusstsein orientiert sich stets an der Vergangenheit erworbener Fähigkeiten, erbrachter Leistungen oder gesellschaftlicher Stellungen. Dem Selbstbewusstsein strömen in der sozialen Interaktion möglicherweise Bewunderung oder aber Missgunst und Neid entgegen. Der Mensch mit hohem Selbstwertgefühl hingegen bedarf keines Wissens, keines Könnens und keiner gesellschaftlichen Position, um die Würde seines

Menschseins zu spüren. Ihm strebt zwischenmenschliche Wärme und Liebe entgegen.« (Hemmerich, F.H., 2011, S.60)

Oft werden Selbstbewusstsein und Selbstwert synonym verwendet. Für mich hat sich die Unterscheidung als sinnvoll ergeben. Die Chance, ein gesundes Selbstwertgefühl zu entwickeln, ist besonders hoch, wenn ein Kind in entwicklungsfördernden Verhältnissen groß wird. In dieser Umgebung wird seine körperliche und seelische Integrität gewahrt. Es wird gefördert und gefordert, wie es seinem Entwicklungsstand entspricht, es erfährt Orientierung und Grenzen von Seiten der Erwachsenen sowie Ermutigung, diese Grenzen immer wieder in Frage zu stellen, um so zu erfahren, dass Grenzen nicht starr sind, sondern verhandelbar. Es erfährt Liebe, Schutz und Anerkennung, ohne übermäßig verwöhnt zu werden. Besonders wichtig scheint zu sein, dass es einen Elternteil oder stellvertretenden Erwachsenen gibt, der all dies verlässlich bietet.

Ein stabiler Selbstwert sorgt dafür, dass ich mir meines Wertes als Mensch bewusst bin, ohne dass ich etwas dafür tun muss. Ich brauche keine guten oder sehr guten Leistungen, auf die ich stolz sein kann, um zu wissen und zu spüren, dass ich wertvoll bin. Ich brauche keinen besonderen Abschluss oder gar Titel, um mich gut zu fühlen. Ich brauche keine speziellen Gegenstände, über die ich mich profilieren kann. Ich brauche keine bestimmten Kreise, in denen ich mich bewege, um mich von anderen abzusetzen oder um dazuzugehören. Ich brauche keine Hobbys, mit denen ich prahlen kann. Keinen Besitz, der mir zeigt, dass ich »es« geschafft habe. Möglicherweise habe ich all das. Wenn ich es verliere, verändert das nichts an meinem Wertgefühl. Es macht mich vielleicht traurig. Vielleicht fällt es mir schwer, etwas loszulassen, weil ich es liebgewonnen habe. Doch das Gefühl, als Mensch vollständig, wertvoll und liebenswert zu sein, wird bleiben.

Ganz anderes verhält es sich mit dem Selbstbewusstsein. Es wächst mit allem, was ich mir an Fertigkeiten aneigne, mit allem was ich mir erarbeite, mit allem, was ich eben kann. Egal ob ich viel dafür üben musste oder wenig. Wenn ich etwas kann, dann gibt mir das ein gutes Gefühl. Und noch besser wird das Gefühl, wenn ich dafür Anerkennung von anderen bekomme. Es ist wichtig, sich darüber bewusst zu sein, wo die eigenen Fertigkeiten und Fähigkeiten liegen und was man wirklich kann. Auch die Anerkennung von anderen ist wichtig. Weil wir soziale Wesen sind, uns gegenseitig spiegeln und auf diese Weise erleben und wachsen können. Je mehr Ehrgeiz ich habe, umso besser. Denn der Ehrgeiz hilft mir, meine Ziele zu erreichen, auf die ich stolz sein kann. Alles worauf ich stolz bin, lässt mein Selbstbewusstsein wachsen. Auf meinen Selbstwert hat das allerdings wenig Einfluss. Alles was ich erworben und mir angeeignet habe, ob an Fertigkeiten oder im materiellen Sinne, kann mir wieder verloren gehen. Und dann stellt sich die Frage des Anfangs: Wer bist du, wenn du alles, was du geworden bist, nicht mehr bist?

Ich hatte Zeit meines Lebens ein gutes Selbstbewusstsein. Dieses speiste sich im Wesentlichen aus meinen guten Leistungen. Ich hatte es immer leicht zu lernen und ich lernte sogar sehr gerne. Das ist bis heute so geblieben. Meine guten Leistungen brachten mir die Sympathie meiner Lehrer ein. Ich gewann die Anerkennung meiner Mitschüler und meine Mutter war zufrieden mit mir, wenigstens in diesem Punkt. Aus diesen frühen Erfahrungen entwickelte sich bei mir ein starkes Leistungsdenken, im Sinne von: Sorge dafür, dass du wahrgenommen wirst!

Es ist mir wichtig zu betonen, dass ich es differenziert betrachte: Grundsätzlich finde ich es wichtig und gut, Leistung zu fördern und zu fordern. In meinem Beruf als Lehrerin habe ich immer gute Leistungen von meinen Schülern gefordert. Ich war streng und habe versucht, möglichst viel aus ihnen herauszuholen. Problematisch wurde es, weil ich von mir Höchstleistungen forderte, obwohl mir die körperlichen und mentalen Möglichkeiten fehlten. Meine Motivation war in hohem Maße die Anerkennung des Umfeldes und ich hatte Angst, an Wert zu verlieren, wenn ich diese Leistungen nicht bringen konnte.

Seit der Zeit meiner Großeltern besaß meine Familie ein Haus auf Mallorca. Dieses Haus war schwer sanierungsbedürftig. Drei Monate nach meiner ersten Operation und meinem Opiatentzug entschieden mein Bruder und ich, die Renovierung in Angriff zu nehmen. Es war ein riesiger Kraftakt und wurde eine große Herausforderung. Ich kam an meine nervlichen Grenzen. Das Problem war, dass ich es auf keinen Fall zulassen oder zeigen wollte. Nicht mehr zu können und Schwäche zu zeigen, war zu sehr gekoppelt an einen Wertverlust, und das konnte ich nicht ertragen. Schlimm genug, dass ich krank war und dies dramatische Auswirkungen auf meinen Selbstwert hatte. Denn Krankheit, diese Meinung gibt es, ist ein Zeichen dafür, dass man etwas falsch gemacht hat. Und dann ist man selbst schuld. So oder ähnlich dachte wohl auch ich oder befürchtete, dass andere es denken könnten. Und es passierte mir tatsächlich, dass ich gefragt wurde, was ich wohl im letzten Leben verbrochen hätte, da ich jetzt so gestraft würde.

Kranksein bedeutet, dass andere Rücksicht auf mich nehmen müssen. Auf meine Schwäche. Dass ich das, was andere einfach wegschaffen, nicht leisten kann, und deshalb manches für mich übernommen werden muss. Andere müssen meinetwegen mehr arbeiten. Das ist schwer zu ertragen für einen Menschen meiner Prägung. Unter der Abhängigkeit, die sich daraus ergab, litt ich lange.

Hinzu kam, dass ich meinen Bruder auf gar keinen Fall enttäuschen wollte. Ich hoffte eher, dass er stolz auf mich sein würde, wenn ich den Umbau so taff mit ihm durchzog. Da er aus dem gleichen Holz geschnitzt war wie ich, glaubte ich, unbedingt durch- und mithalten zu müssen, wenn ich mir seine Anerkennung erwerben wollte. Und so hielt ich durch. Eigentlich befand ich mich noch in der Erholungsphase. Heilungsprozesse brauchen Zeit. Sie beschleunigen zu wollen, war schädlich für meinen Organismus. Gleichzeitig befand ich mich im Wiedereingliederungsverfahren in meiner Schule.

Meine Mutter war gegen unsere Maßnahmen. Sie hatte uns angedroht, das Haus abzubrennen, wenn wir weitermachen würden. Das war wohl eher rhetorisch gemeint, aber wir haben uns dauernd gefragt, was als nächsten kommen würde. Finanziell war es ein hohes Risiko und ich fühlte mich sehr unter Druck. Ich hatte schreckliche Angst, dass wir die Kontrolle über unsere finanzielle Situation verlieren würden. Allerdings wäre es mir unmöglich gewesen, zu meinem zu Bruder gehen und zu sagen: »Bruderherz, ich schaffe das so nicht mehr, bitte lass uns überlegen, wie wir mich entlasten könnten.« Seine Anerkennung zu verlieren, das war fast das Schlimmste, was mir passieren konnte. Denn durch die Anerkennung fühlte ich mich geliebt. Und so habe ich weiter gemacht. Bis ich völlig am Ende mit meinen Kräften war. Anderthalb Jahre nach der ersten Operation verbrachten wir den Sommer in Berlin, ohne zu verreisen, weil ich zu schwach war, irgendwohin zu fahren. Ich lag im Garten und las viel. Zu mehr war ich kaum noch in der Lage.

Auch an meinem Arbeitsplatz hatte mein großer Leistungswille mir lange ermöglicht durchzuhalten, wo andere vielleicht schon viel früher die Reißleine gezogen hätten. Dauernd allein vor einer großen Gruppe von Kindern und Jugendlichen zu »performen« ist für viele Menschen undenkbar. Lehrer tun dies ständig. Jeden Tag, viele Stunden lang und gleichgültig, wie es ihnen geht, was sie gerade privat erleben oder was sie sonst beschäftigt. Ich konnte mich als Lehrerin also nie verstecken, wenn ich vor meiner Klasse stand, mich mal zurücklehnen oder etwas auf den nächsten Tag verschieben.

Hinzu kam, dass ich es immer mit vielen jungen Menschen zu tun hatte. Natürlich habe ich im Laufe meiner Karriere Erfahrungen im Umgang mit Kindern gesammelt. Dennoch hatte ich in jeder Klasse ein paar Schüler, die sich anders verhielten als jene, denen ich bisher begegnet war, sodass meine bisherigen Erfahrungen mir nichts nützten. Ich musste wie ein Anfänger herausfinden, was sie brauchten, um mitzuarbeiten.

Der Unterricht in meinem Fach stellte mich überdies vor besondere Anforderungen. Es braucht nämlich als Eurythmist ein ständiges und hohes Maß an geistiger, seelischer und körperlicher Präsenz. Die Schüler mal allein machen lassen, das geht nur eingeschränkt, weil es sich um soziale Prozesse handelt. Diese brauchen Aufmerksamkeit und Achtsamkeit. Oft ist es nötig, Bewegungen vorzumachen und auch anschließend mitzumachen, um die Gruppe zu motivieren und sie aus der Reserve zu locken. Denn in der Eurythmie und im Tanz zeigt sich der Mensch immer sehr stark selbst - mit seinen Stärken *und* mit seinen Schwächen, und davor haben viele Angst. Erschwerend kommt hinzu, dass es in diesem Fach keinerlei Lehrbücher oder Ähnliches gibt. Es gibt Material. Sehr viel sogar. Aber die Gestaltung des Unterrichtes und welches Material umgesetzt wird, ist von der Persönlichkeit und der Inspiration des Lehrers abhängig. Bis zum Schluss blieben also die Vorbereitung des Unterrichts und die Durchführung anspruchsvoll und aufmerksamkeitsintensiv. Viele Unterrichtsstunden bereitete ich bis zum letzten Tag meiner Tätigkeit und selbst nach zwölf Jahren noch minutiös vor.

Es gibt Menschen, die unterschätzen diese Herausforderungen und die Komplexität des Eurythmie-Lehrerdaseins. Eine Kollegin, die gerade mit Korrekturen beschäftigt war, sagte mir einmal, dass sie im nächsten Leben Eurythmie-Lehrerin werden wolle, da habe man es entschieden leichter. Über lange Strecken hatte ich selbst das Gefühl, nichts wirklich gelernt zu haben und zu können. Durch sehr guten Unterricht meinte ich vielmehr, mein Umfeld von der Sinnhaftigkeit und der Relevanz dieses Faches überzeugen zu müssen. Hatten meine Kolleginnen und Kollegen, die Deutsch, Geschichte oder Mathematik unterrichteten, den gleichen Druck, etwas beweisen zu müssen? Schade, dass ich nie wagte, sie dies zu fragen.

Nur durch meinen Durchhaltewillen schaffte ich es weiterzuarbeiten, meine Freundschaften aktiv zu pflegen, meinen Hobbys nachzugehen, meine Ehe bewusst zu führen, und an den gesellschaftlichen Themen unserer Zeit Anteil zu nehmen, ohne dass mein Umfeld mitbekam, wie sehr mich das Leben anstrengte und wie ich dabei über meine Grenzen hinaus ging. Funktionieren, arbeiten, zeigen, dass ich trotz meiner Erkrankung einen wertvollen und wichtigen Beitrag leisten kann, und dabei möglichst erfolgreich sein – das waren die Werte, die mich motivierten.

Auch in der Partnerschaft zu Wolf spielten diese Werte eine große Rolle. Denn er bewunderte mich für meine Tapferkeit, und meine Leistungsbereitschaft war ein wesentlicher Grund dafür, dass er sich für mich begeisterte.

Mit einem höheren Selbstwertgefühl wäre es mir vielleicht früher möglich gewesen, aus diesem Gefühl auszusteigen, einfach weil es mir leichter gefallen wäre, meinen Status für eine Weile aufzugeben, auf die viele Anerkennung zu verzichten und stattdessen auf meine eigenen Ressourcen zu vertrauen, die für jede Veränderung in der Lebensführung notwendig sind. Mich voll und ganz zu akzeptieren, war ein schwerer und leidvoller Prozess.

Den ersten und entscheidenden Schritt auf diesem Weg habe ich auf einem Kongress über Burnout getan, ohne zu ahnen, auf welchen Weg ich mich damit begeben sollte.

Ich liebe dieses Sprichwort: Jede Reise beginnt mit dem ersten Schritt. Ich begann eine lange und intensive Reise zu mir selbst. Ich könnte auch sagen, ich kam endlich nach Hause. Endlich zu mir und bei mir an.

Mit einer Gruppe von Kolleginnen und Kollegen fuhr ich zu einem Burnout-Kongress nach Süddeutschland. Eigentlich um etwas mehr über dieses Phänomen zu erfahren, da der Lehrerberuf dafür prädestiniert ist. Kurze Zeit vorher war ich vom Konfliktmanagement in die Personalentwicklung gewechselt und wollte informiert darüber sein, welche Erkenntnisse es zu diesem Thema gibt und welche Präventionsmöglichkeiten als erfolgsversprechend eingeschätzt wurden. Während ich den Vorträgen folgte und mich mit der Thematik befasste, musste ich immer häufiger feststellen, dass ich selbst ein Kandidat für diese Form der »Generalerschöpfung« war. Tröstlich fand ich, dass diese Grunderschöpfung schon bei den alten Griechen beschrieben wurde, also gar nicht so »neu« ist, wie häufig behauptet wird.

Es gab verschiedene Workshops. Ich belegte einen Kurs zum Thema »MBSR – Mindfull-Based Stress Reduction« nach Jon Kabat-Zinn. Man kann dazu auch schlicht *Achtsamkeitsmeditation* sagen. Dieser Workshop hat mir eine Welt eröffnet, vermutlich wegen seiner Schlichtheit und wegen des Ansatzes, dass es nicht um irgendwelche Erleuchtungsziele oder Ähnliches geht, sondern nur um das

Hier und Jetzt. Über einige Monate hinweg praktizierte ich die neuen Übungen, die ich dort kennengelernt hatte, und konnte schon bald eine enorme Verbesserung meiner Konzentrationsfähigkeit feststellen. Ich fühlte mich klarer und mit mir verbunden und stellte mich den Herausforderungen mit einer größeren inneren Ruhe.

Um mit meiner Meditationspraxis weiterzukommen, meldete ich mich zu einem intensiven Acht-Wochen-Kurs zum Thema Achtsamkeitsmeditation nach Jon Kabat-Zinn an. Ich hoffte, durch ein professionelles Training meine guten autodidaktischen Versuche so weit steigern zu können, dass ich erfolgreich weiterarbeiten konnte. In dem dafür nötigen Vorgespräch fragte die Trainerin mich: »Haben Sie eine psychologische Begleitung, Frau Merklin? Durch eine gesteigerte Meditationspraxis können sich nämlich auch Abgründe auftun, besonders, wenn man schon länger mit einer schweren Erkrankung oder ähnlichen belastenden Erfahrungen lebt.« Da ich seit meinem letzten Aufenthalt in der Schmerzklinik regelmäßig zu einer Psycho-Onkologin ging, war sie beruhigt – und ich auch. Der Kurs begann und er war meine Rettung – und mein Untergang zugleich.

Es gelang mir gut, vom ersten Tag des Kurses an meine tägliche Meditationspraxis durchzuführen. Disziplin und Übungswille, das war nie mein Problem. Das hatte ich. Dieses Ritual gab mir die Kraft und die Ruhe, meine Aufgaben am Ende des Schuljahres erfolgreich zu bewältigen. Allerdings hatte ich ein Phänomen unterschätzt, das beim Meditieren auftreten kann oder mit hoher Wahrscheinlichkeit sogar auftreten wird: Dass ich plötzlich nicht mehr vor Themen wegschauen oder weglaufen konnte, die eigentlich schon lange unter der Oberfläche lauerten. Bei mir war es die fundamentale Erschöpfung und die Problematik des Selbstwertgefühls, die sich in einer tiefen, von außen nicht wahrnehmbaren Unsicherheit und großen Minderwertigkeitsgefühlen zeigte, eine immer wieder auftretende Traurigkeit und meine Ängste. Ich wusste dies. Lange schon.

Irgendwie hatte ich bis dahin einfach keinen Weg gefunden, diese Themen tiefgreifend, bis zur Wurzel anzugehen. Durch keine meiner therapeutischen Versuche und Behandlungen konnte ich mich dieser Innenwelt stellen. Ich hatte Angst davor, dass es mir den Boden unter den Füßen wegziehen würde, wenn ich mich dieser Ebene meiner Persönlichkeit zuwandte. Besonders fürchtete ich, dass sich ein solcher Prozess auch auf meine Beziehungen, besonders auf meine Partnerschaft mit Wolf, auswirken würde.

»Jede erfolgreiche Therapie endet mit einer Trennung«, sagte er zu mir, als ich meine erste Therapie begann. Jetzt brachen diese Gefühle mit einer Vehemenz über mich herein, wie ich es selbst nicht für möglich gehalten hätte.

In den Ferien, die auf den Kurs folgten, erlebte ich mehrere neue Situationen, in denen ich mich ganz im Einklang fühlte. Besonders eindrücklich war es nach einem sogenannten »Achtsamkeitstag«, einem Tag, an dem man mehrere Stunden schweigend zusammen praktiziert: im Einklang sein mit sich und der Welt. Besonders durch dieses lange gemeinsame Schweigen verdichtet sich die Erfahrung des Verbundenseins.

Ich lag am späten Nachmittag im Garten auf einer Liege und hörte den Wind und die Vögel, spürte die Wärme der Sonne auf meiner Haut und die Wärme von Wolfs Körper, der neben mir lag. Ich fühlte mich in diesem Moment vollkommen getragen und sicher. Ein schönes Gefühl. Ich konnte mich nicht daran erinnern, so etwas jemals erlebt zu haben. Auch nicht in meiner Kindheit. In der Nacht, die auf diesen Achtsamkeitstag folgte, habe ich zehn Stunden tief und fest geschlafen. So tief und fest, wie ich mich gar nicht daran erinnern konnte, jemals überhaupt geschlafen zu haben. Wenn ich eine Nacht in meinem Leben niemals vergessen werde, dann diese!

Nachdem ich das Gefühl des Einsseins erlebt hatte, entstand in mir eine tiefe Sehnsucht danach, »angstfrei« zu leben. Ganz schlicht und ergreifend.

Auch wenn ich immer ruhig und gelassen wirkte, hatten meine Ängste, noch länger und mehr diese schwierigen, schmerzvollen und schrecklichen Erfahrungen machen zu müssen, mein Grundvertrauen in das Leben so sehr erschüttert, dass ich ständig Angst vor der nächsten Katastrophe hatte. Meine größte Angst aber war, kein Geld mehr zu verdienen und am unteren Rand der Gesellschaft zu landen, verkannt und verachtet. Dieses Szenario konnte mit jeder nächsten MRT-Kontrolle über mich hereinbrechen, oder eben durch eine wie auch immer geartete psychische Krise, die ich fortwährend befürchtete und die mich die Kontrolle verlieren ließ.

Durch meine regelmäßige Meditationspraxis erlebte ich demgegenüber eine Daseinsberechtigung und erfuhr neue Möglichkeiten abseits der äußeren Parameter. Zum ersten Mal durfte ich wahrnehmen, was es heißt, »vertrauensvoll« zu leben. Ich erlebte, wie Vertrauen aus Verbundenheit entsteht, ein Gefühl, das aus meinem Körper aufstieg und keinen gedanklichen Inhalt hatte. Ja, und das war nun meine Rettung und mein Untergang zugleich.

Denn als ich nach den Ferien in die Schule zurückkam, funktionierte der Mechanismus nicht mehr, den ich üblicherweise aktivierte. Meine Rolle der fröhlichen, taffen, beliebten Lehrerin fühlte sich an wie ein Kostüm, in das ich nicht mehr hineinschlüpfen konnte. Es gelang mir nicht, weiterhin so zu tun, als gehe es mir gut, als hätte ich noch immer Kraft und Motivation zum Durchhalten und Weitermachen und als sei alles halb so schlimm. Ich war erschöpft von meinem Leben. Ich war »lebensmüde« und hatte immer öfter den Wunsch zu sterben. Noch Jahrzehnte lang durchzuhalten, wie sollte ich das schaffen? Diese Frage tauchte sehr häufig in meinem Bewusstsein auf.

Ein Suizid kam aber nicht in Frage. Mein Großvater väterlicherseits hatte sich das Leben genommen und ich wusste, dass mein Vater, der ihn gefunden hatte, sein Leben lang unter schrecklichen Schuldgefühlen leiden musste. Trotzdem wünschte ich mir immer häufiger, von diesem Körper und dieser Psyche, die sich immer weniger kontrollieren ließ, befreit zu werden.

Den gesamten Sommer über hatte ich in der Meditation geübt, mich mit meinem Atem zu verbinden, hinzuschauen und wahrzunehmen, was gerade ist, ohne es verändern zu wollen. Das war das Neue daran: Wahrnehmen ohne Veränderungswillen und dadurch ein Bejahen der Situation. Tja, und da stand ich nun vor meinen Klassen und merkte, dass ich keine Kraft mehr hatte, andere zu motivieren, weiter zu funktionieren, mich empathisch in andere einzufühlen, nach Lösungen zu suchen, für Probleme, die mir im Vergleich zu meinen eigenen eher klein vorkamen. Mein zart wachsendes Selbstwertgefühlt führte dazu, dass ich mir manches selbst nicht mehr antun wollte, was ich früher mit unnachgiebiger Härte von mir gefordert hatte.

Natürlich stellte ich mir damals die Frage, ob es nicht besser gewesen wäre, das Meditieren zu lassen und zu meiner gewohnten Haltung zurückzukehren. Denn es hatte die ganzen Jahre ja funktioniert! Warum nicht wieder Haltung gewinnen und die Sache durchziehen? Die Meditationspraxis war eine Art »Brandbeschleuniger«. Jedoch bewahrte sie mich auch davor, meine Kräfte weiter zu verschleißen.

Als ich kurz nach Beginn des neuen Schuljahres zum Arzt ging, um mich krankschreiben zu lassen, ahnte ich nicht, zu welchen schmerzvollen, radikalen und gleichzeitig erhellenden Selbsterkenntnissen mich dieser Weg, der nun vor mir lag, führen würde. Und vor allem war mir nicht klar, welche Veränderungen daraus resultierten. Eines ist sicher, dieses Buch wäre nicht entstanden!

So ging ich zwei Wochen nach Schulbeginn zu meinem Hausarzt, einem weisen Menschen, der mich schon lange begleitete und meine Geschichte gut kannte. Ich saß vor ihm. Mit Tränen in den Augen erzählte ich ihm, wie es mir ging. Er sagte nur: »Frau Merklin, ich wundere mich schon lange, wie das funktioniert. Sie machen weiter und weiter, trotz allem, was sie ertragen.«

Er schrieb mich krank und ich ahnte, dass ich mich von nun an dem stellen musste, wovor ich seit Jahren die größte Angst hatte: den Seiten meiner Persönlichkeit, die nicht kontrollierbar und damit nicht willkommen waren. Zum Glück wusste ich noch nicht, was und wer mir auf diesem Weg alles noch begegnen würde. Hätte ich es gewusst, ich weiß nicht, was ich unternommen hätte, um diesen Erfahrungen auszuweichen.

Dieser Prozess war wie ein zweiter Geburtsvorgang. Erfreulicherweise hatte ich ein ganzes Team von erfahrenen »Geburtshelfern«, die alle ihren Teil beitrugen und mir halfen, mit dieser ungewohnten Nacktheit vertraut zu werden und zu lernen, damit zu leben – und nicht mehr nur zu überleben.

Ich bin niemand und die anderen

Es war Herbst geworden, als ich aufhörte zu arbeiten. Allerdings hatte ich mich bereits im Februar des Jahres für eine Fortbildung in Organisationsentwicklung (OE) angemeldet. Nun war ich in der Zwickmühle. Als ich mich im Frühjahr für die Fortbildung gemeldet hatte, ahnte ich zwar schon, dass ich den Kurs, auf dem ich segelte, nicht mehr lange durchhalten würde. Aber bis dahin würde ich es schon irgendwie schaffen, mich wieder zu stabilisieren, dachte ich. Im Oktober war ich aber schon sechs Wochen lang krankgeschrieben, ehe die Fortbildung begann.

Die Begleitung von Veränderungsprozessen in Unternehmen und Organisationen interessierte mich schon lange und ich wollte lernen, wie man das macht. Manchmal bekam ich einen Anflug von Hoffnung und ich begann, mir wirklich vorzustellen, wie es wäre, wenn ich so etwas beruflich machen würde. Allerdings hörte ich immer schnell wieder auf, daran zu denken. Erstens hatte ich ja »nur« Eurythmie studiert, wie sollte ich mich da in dieser ganz anderen Welt durchsetzen? Außerdem war ich krank, da ging das alles sowieso nicht, und ich schämte mich auch etwas dafür, solchen naiven, unrealistischen Gedanken nachzuhängen.

Als ich jedoch in die Personalentwicklung unserer Schule wechselte, meinte ich, genügend Argumente zu haben, dass eine solche Fortbildung für meine Tätigkeit sinnvoll sein könnte. Vielleicht könnte ich mir Wissen aneignen, ohne dass irgendjemand merkte, wie sehr mich das Thema als mögliche Zukunftsalternative zur Schule interessierte?

Da ich großes Vertrauen und Wertschätzung von Seiten unseres Geschäftsführers erlebte, erteilte er mir die Erlaubnis, trotz Krankschreibung an der Fortbildung teilzunehmen. Welch ein Glück und welche Herausforderung zugleich! Eine Gruppe Leute, alle erfolgreich und smart, und nun konnte ich trotzdem dabei sein, gleichwohl ich krankgeschrieben war. In meiner Vorstellung hatte ich es nämlich mit lauter berufserfahrenen Businessleuten zu tun.

Der Zufall wollte es, dass mein Onkel, ein Bruder meiner Mutter, diese Fortbildung zusammen mit einem Kollegen leitete. Auf keinen Fall wollte ich ihn enttäuschen und wünschte mir sehr, dass er meine Beiträge schätzte. Mein Gefühl war, dass ich mich besonders anstrengen musste, um den Anforderungen zu entsprechen. Es würde nicht ausreichen, einfach nur eine Teilnehmerin zu sein wie die anderen: Ich repräsentierte gleichzeitig die Familie.

Meinen Onkel hatte ich siebzehn Jahre lang nicht gesehen, weil meine Mutter den Kontakt zu ihrem Bruder und dem Rest ihrer Familie schon vor langer Zeit abgebrochen hatte. Seit einiger Zeit sahen wir uns aber wieder. So wollte ich unbedingt verhindern, dass er es bereute, mich in die Fortbildungsgruppe aufgenommen zu haben. Schlimm genug, dass er wusste, wie es um mich stand.

Jetzt eine Fortbildung zu machen, war eigentlich das Unpassendste, das ich tun konnte. Mein nächster MRT-Kontrolltermin war im Januar. Schon die letzte Kontrolle hatte eher schlecht ausgesehen. So hatte mein Professor aus Hamburg bei unserer vergangenen Begegnung erneut das Thema einer weiteren Operation angesprochen. Das wollte ich aber auf keinen Fall. Die Perspektive, die Ioana mir gegeben hatte, war so schlimm für mich, dass ich nicht bereit war, über dieses Stöckchen zu springen. Weder konnte ich mich mit der Vorstellung anfreunden, einen künstlichen Darmausgang zu bekommen, noch erschien es mir sinnvoll, den Tumor zu bestrahlen. Die Aussichten auf Erfolg waren zu gering.

Ich hatte also überlegt, die Fortbildung abzusagen. Ich konnte nachts nicht schlafen, war nah am Wasser gebaut und fragte mich, welchen Sinn es überhaupt haben sollte, jetzt etwas Neues lernen zu wollen. Trotzdem sagte mir meine innere Stimme, dass es wichtig sein könnte. Es könnte eine einmalige Chance sein. So fuhr ich los.

Als ich auf Rügen im Seminarhaus ankam, traf ich auf zwei sympathische Schweizer, und wir hatten einen lustigen Abend. Aus Angst, dass ich möglicherweise gegenüber den anderen Teilnehmern inhaltlich abfallen würde, konnte ich in der Nacht nicht schlafen. Ich brachte mich mit Lesen, Meditieren und Eurythmie-Übungen durch die Nacht.

Schnell war mir klar: Abends lange in der Gruppe zu bleiben und neben den Inhalten das Sozialleben zu genießen, war mir nicht möglich. So zog ich mich eher zurück und versuchte, irgendwie stabil zu wirken. Zum Glück ging es tagsüber gut, die Nächte blieben kurz und schwierig.

Nach vier Tagen war es geschafft. Ich hatte einen Platz in der Gruppe und vermutlich hatte niemand bemerkt, dass es ein Kampf für mich war, »an Deck« zu bleiben. Allerdings bekam ich die Quittung in der Woche danach. Zu Hause angekommen ging gar nichts mehr. Der Schwung aus der Fortbildung hielt genau zwei Tage an. Ich brach vollkommen ein. Drei Tage stand ich nicht mehr auf und lag apathisch im Bett. Ich dachte, es sei nun soweit, dass mir nichts mehr blieb, als dieses schwarze Loch, das Depression heißt, zu akzeptieren, darin für immer zu verschwinden und mich dem Schicksal zu ergeben. Wieder trat der Wunsch in mir auf, dem Ganzen ein Ende zu setzen.

Während der drei Tage hatte ich immer wieder ein bestimmtes inneres Bild. Es war nicht das erste Mal, dass dieses Bild mich ereilte, aber jetzt verdichtete es sich. Ich sah mich auf dem Fahrrad durch Berlin fahren, etwas, das ich tatsächlich viel tue, und ich sah einen dieser großen gelben Doppeldeckerbusse. So eine Gelegenheit, das wäre doch die Erlösung. Ich sehnte mich nach einem Unfall, der mich aus diesem Körper befreien würde.

Ich weiß nicht, was geschah, aber nach drei Tagen kam etwas aus meinem tiefsten Inneren, vielleicht eine Art Energieschub, der es mir ermöglichte, mich seelisch wiederaufzurichten und Hoffnung zu schöpfen. Der Gedanke war: »Gut, es gibt niemanden und nichts, was dir noch helfen kann. Schulmedizinisch keine Ideen mehr, alternativmedizinisch keine Ideen mehr, psychotherapeutisch keine Ideen mehr. Dann kannst du dir jetzt nur noch selbst helfen! Wenn du körperlich nicht gesund werden kannst, vielleicht kann deine Seele heilen!«

Es dauerte noch ein wenig, bis diese Erkenntnis greifen konnte. Dann stand ich auf und versuchte, neu zu gehen. Das war sehr wackelig und schwankend, aber es ging. Von nun an stellte ich mir den Wecker und stand früh um sechs Uhr auf. Ich erhöhte die Dosis Yoga-Übungen, die ich sowieso seit zwei Jahren jeden Morgen machte, begann ein Bildertagebuch und beschäftigte mich wieder und wieder mit einem Buch über Burnout von Fritz Helmut Hemmerich, in dem es um die Selbstermächtigung ging. Außerdem meditierte ich täglich mindestens eine Dreiviertelstunde. Nach ein paar Tagen wurde es besser.

Jeden Tag gewann ich ein bisschen mehr an Sicherheit und die Phasen, in denen ich einen Sinn sah in dem, was ich tat, wurden länger. Immer seltener dachte ich daran, dass die anderen Teilnehmer der Ausbildungsgruppe jetzt ihrer Arbeit nachgingen und erfolgreich Geld verdienten. Es war mir zunehmend egal. Nun, dann war ich eben nicht erfolgreich, aber ich kannte wenigstens meine Abgründe. Die meisten Leute hatten vermutlich gar nicht solche Krisen, aber bei mir war es ebenso, was sollte es also, ich konnte es nur akzeptieren.

So konnte ich zwei Wochen später als geplant nach Stuttgart fliegen und meinen Bruder, meine Schwägerin und meine kleine Nichte besuchen. Auch eine Reise nach Teneriffa mit einer Freundin brauchte ich nicht wie befürchtet abzusagen. Kurz zuvor hatte ich von dem dortigen *Eridanos-Zentrum für Salutogenese* erfahren, ein Kurzentrum, das eben jenes spezielle Konzept zur Selbstermächtigung vermittelt, das ich bereits dank meiner Burnout-Lektüre kannte. Der Autor Fritz Helmut Hemmerich war hier leitender Arzt.

Ich erinnerte mich, dass mir eine Astrologin in einer horoskopischen Deutung einmal gesagt hatte, dass mir jemand meine schrecklichen Ängste nehmen müsse und dass dieser jemand nicht in Deutschland sei. Ja, Ängste hatte ich. Und schrecklich waren sie auch. War es vielleicht dieser Arzt? Ich entschied mich also, eine Woche länger auf Teneriffa zu bleiben, um das Zentrum kennenzulernen und ein Gespräch mit Dr. Hemmerich zu vereinbaren. Das Gespräch sollte an einem Mittwoch stattfinden. Mittwoch, ein schöner Tag, der schönste Tag der Woche, weil er genau in der Mitte, also »dazwischen« liegt. Es ist wie ein Freiraum zwischen Anfang und Ende. Schon im Kindergarten war das mein Lieblingstag. Da gab es immer süßen Hirsebrei mit Zimt und Zucker.

Am Abend vor dem Gespräch spürte ich eine tiefe, tiefe Traurigkeit in mir aufsteigen. So sehr, dass ich tatsächlich mit dem Gedanken spielte, den Termin abzusagen. Zu sehr befürchtete ich, die Fassung zu verlieren und vor diesem Arzt in Tränen auszubrechen. Ich kannte ihn ja gar nicht und ich wollte auf keinen Fall weinerlich erscheinen. Doch vor dem Hintergrund, dass ich sonst weit und breit keine Alternative sah, Hilfe zu bekommen, entschied ich mich hinzugehen.

Es geschah wie befürchtet. Die ersten Sätze waren unproblematisch: Alter, Familienstand und so weiter. Als er aber die Frage stellte, wo der »Schuh drücke«, öffnete er eine Schleuse. Aus meinen Augen brachen die Tränen heraus, wie ich es vorher noch nie erlebt hatte. Ein unaufhaltsamer Tränenfluss, ohne Stimme, ohne Schluchzen floss und floss es, ohne aufzuhören.

Der Arzt neigte sich sanftmütig nach vorne und sah mich mit einem unglaublich gütigen Blick an.

»Ich brauche einen Moment, es geht gleich wieder. Bitte fragen Sie mich etwas Unverfängliches.«

»Haben Sie Kinder?«

Treffer! Unverfänglicher ging es ja gar nicht! Die Schleuse war offen, jetzt war sie weit offen.

»Frau Merklin, Sie sind überwältigt. So sind wir Menschen. Das macht nichts, dort stehen Tücher. Lassen Sie es laufen, versuchen Sie, sich durch die kleine Atempause nach dem Ausatmen zu stabilisieren und stottern Sie es einfach zusammen. Ich denke mir dann schon meinen Teil.«

Diesen Satz werde ich wohl nie wieder vergessen: »So sind wir Menschen.« Wir! Ich hatte plötzlich das Gefühl, ich gehörte auch dazu. Er hörte sich also mein Gestotter geduldig an, wurde nachdenklich und fragte: »Was erhoffen Sie sich denn von einem Aufenthalt bei uns?«

»Ich erhoffe mir keine Heilung, aber vielleicht einen Weg, um besser mit dem ganzen Schlammassel klar zu kommen«, antwortete ich ohne Zögern.

Er überlegte. »Vielleicht gibt es diesen Weg, Frau Merklin, finden können wir ihn allerdings nur gemeinsam.« Er schwieg einen Moment. »Wir müssen dann wie Detektive vorgehen und uns fragen, wem oder was nützt diese Erkrankung? Und wo tauchte das Dilemma auf? Vermutlich so im Alter 17, 18, 19?«

Diesen inneren und äußeren Konflikt konnte ich ihm ja leicht herunterbeten. Meine Tagebücher aus dieser Zeit waren voll davon. Mir war sofort klar: Wenn, dann mussten wir weiter zurück, ganz weit in die Kindheit.

Er sagte mir noch: »Das, was Sie erlebt haben ist schrecklich. Wenn Sie sich entscheiden zu kommen, wird das, was Sie zu erleben haben, ebenso schrecklich werden. Viele Menschen entscheiden sich aber dennoch für diesen Weg, weil er in die Freiheit führt.«

Zum Glück ahnte ich nicht, wie schwer dieser Weg werden sollte. Ich weiß nicht, ob ich sonst den Mut gehabt hätte, mich auf diese Seelenreise zu begeben. So verblieben wir also. Ich sollte mir überlegen, wann ich für einen längeren Aufenthalt kommen könnte: »Es ist aber wichtig, dass es geschmeidig in die restliche Lebensplanung passt.«

Während meines Aufenthalts lernte ich die so genannten *Basisenergie-Übungen* kennen. Ich ersetzte meine morgendlichen Yoga-Übungen durch diese neuen und ergänzte sie mit einer Eurythmie-Übung, das so genannte *Halleluia*. Auch führte ich von nun an regelmäßige Stimmübungen durch, wie ich sie ebenfalls auf Teneriffa kennengelernt hatte. Ich begann zu singen: Lieder, die ich liebte. Eigentlich kann ich ja gar nicht singen. Wolf sagte mir immer, ich könne den Ton nicht halten, aber die Sehnsucht, zu singen war so groß, dass es mir egal war. Ich ging in den Keller und übte. Nach ein paar Wochen hatte ich schon ein kleines Repertoire von mehreren Liedern und fand, dass es ziemlich schön klang. Irgendwo hatte ich mal gelesen, dass Singen bei Depressionen hilft, und so habe ich es eben einfach darauf ankommen lassen, wissend, dass es nicht schaden kann.

Ich kam für meinen damaligen Zustand recht beschwingt von Teneriffa zurück. Die zweite Fortbildungswoche fühlte sich dann schon nicht mehr so bedrohlich an wie die erste. Allerdings war es nur eine kleine Atempause.

Ich bin niemand und die Liebe

Mein Onkel holte mich vom Bahnhof ab. Es stand die zweite Fortbildungswoche an. Ich erzählte ihm ein wenig von den Erlebnissen und meinen Begegnungen auf Teneriffa und merkte, wie mir mal wieder die Tränen kamen. So ein Mist, wieso gelang es mir einfach nicht, die Fassung zu bewahren? Um mich abzulenken, erzählte er mir, dass am nächsten Tag noch zwei neue Teilnehmer dazu stoßen würden. Großartige und interessante Leute, wie er sagte.

»Oh, nein«, dachte ich, »nicht noch mehr tolle Leute.«

Beim Frühstück lernte ich die neuen Teilnehmer kennen. Sie waren mir sofort sympathisch und ich konnte mich entspannen.

Gleich zu Beginn hatte ich eine zehnminütige Einlage. Weil ich auch eine Ausbildung in Betriebseurythmie habe, sprich Eurythmie für Menschen in Unternehmen durchführen kann, hatte mein Onkel mich gefragt, ob ich nicht eine Übung anleiten wollte. Das hatten wir schon beim letzten Mal begonnen und nun sollte es fortgesetzt werden. Als wir an unsere Tische zurückgingen, äußerte sich der neue Teilnehmer, für den dies ganz unbekannt war, ausgesprochen positiv und interessiert.

»Mit wie vielen Menschen machst du das maximal? Ich arbeite als Mediator. Für solche Prozesse sind diese Übungen geeignet.«

Ein großartiges Feedback, über das ich mich sehr freute, weil ich mich unmittelbar erkannt fühlte und mir dieser Kommentar zeigte, dass mein Traum, von einer beruflichen Neuorientierung gar nicht so unrealistisch war. Insgesamt fühlte ich mich während des gesamten zweiten Teils viel wohler.

Durch die positiven Erlebnisse motiviert entschied ich mich, einige der Inhalte zu vertiefen. Ich meldete mich zu einem weiteren zweiteiligen Workshop zum Thema Führung an. Ich wollte gezielt an meinem Selbstbewusstsein und an meinen Zukunftsplänen arbeiten. Ich begann meiner Idee von einer Tätigkeit als Beraterin eine winzige Chance zu geben.

Besonders gefiel mir an dem Führungsworkshop, dass das eigene Führungsverhalten auf interaktive Weise durch die Arbeit mit Pferden erlebt und reflektiert werden sollte. Als wir kurz vor Beginn des Kurses alle nacheinander im Seminarraum eintrudelten, herumstanden und uns gegenseitig vorstellten, hörte ich Schritte auf dem Gang. Aber ich hörte nicht nur Schritte, ich nahm auch eine starke Energie war.

»Komisch«, dachte ich.

Es fühlte sich an, als ob ich lange auf etwas gewartet hätte und es nun endlich so weit sei. So ein Gefühl von »Na endlich!« machte sich in meinem Inneren für einen kurzen Moment bemerkbar. Ein Mann mittleren Alters betrat den Raum. Weil er seinen Koffer etwas umständlich zur Tür hereinzottelte, sah ich ihn erst nur von hinten.

»Oh, was du so denkst«, durchfuhr es mich.

Er drehte sich um.

»Ach, du meine Güte, sieht der gut aus ... Na gut, macht ja nichts, ein schöner Mann zum Anschauen.«

Da es sich so ergab, ging ich direkt auf ihn zu, um ihn willkommen zu heißen. Leider rechnete ich nicht damit, dass mich auch noch seine Stimme berühren würde. Da er sehr offen auf meine Begrüßung reagierte, gab es keinerlei Irritation. Es war einfach eine schöne Begegnung.

Als wir unsere Plätze suchen sollten, spürte ich den großen Wunsch, mich neben diesen attraktiven Mann zu setzen, der sich mir mit dem Namen Ben vorgestellt hatte. Ich fühlte: Ich will in seiner Nähe sein.

Der erste Tag verging und ich hatte auch in dieser Gruppe Spaß und war viel weniger unsicher als befürchtet. Besonders durch die Arbeit mit den Pferden fielen alle Masken und Fassaden schnell von uns allen ab, wir stellten uns ziemlich ungeschickt an und hatten nichts mehr voreinander zu verbergen.

Am Abend saßen wir länger zusammen. Es wurde viel gelacht und wir verstanden uns prächtig, obwohl wir uns ja gerade erst kennengelernt hatten.

Täuschte ich mich oder suchte dieser Ben, der da heute aufgetaucht war, öfter meinen Blick?

Am nächsten Tag hatten wir die Aufgabe, uns gegenseitig auf unterschiedliche Weise durch das Gelände zu führen und in eine Reflektion über unser Führungsverhalten zu gehen. Die Übung sollte zu zweit stattfinden. Wir sorgten beide dafür, dass wir diese Übung zusammenmachen konnten. Im Nachhinein weiß ich, dass dies ein Schlüsselmoment für meinen Weg zu mir selbst war. Es ging darum herauszufinden, welches Führungsverhalten der Übungspartner, der mal sehend und mal »blind« war, als angenehm empfand und welches er weniger mochte.

Zu dem damaligen Zeitpunkt durchschaute ich es noch nicht. Es hat mir einfach Spaß gemacht. Wir waren im Flow, arbeiteten konzentriert und versuchten herauszufinden, was der andere wirklich wollte und brauchte, um sich wohlzufühlen und zu vertrauen. Später begriff ich, dass es wohl dieses Gefühl von reinem zugewandtem und liebevollem Interesse war, das ich von seiner Seite aus spürte und auch ihm entgegenbrachte, das bei mir einen Durchbruch erzeugte.

Ich war sehr gut darin herauszufinden, was jemand wollte, bis ins Detail seine Bedürfnisse zu erforschen und diesen nach Möglichkeit so genau wie möglich zu entsprechen, damit er mich mögen oder gar lieben konnte, das war meine große Stärke. Dass jedoch ein Mann, der mir gefiel, versuchte herauszufinden, was *ich* mir wünschte, war mir bis dahin nur selten passiert.

Als ich mich in der Mittagspause zum Meditieren hinsetzte, schaffte ich es zum ersten Mal, Kontakt zu der Region aufzunehmen, wo mein Tumor saß. Es fing an, wie eine Sonne von innen heraus zu strahlen, ein Wärmestrahl, der von dort aus die Wirbelsäule nach oben stieg und sich in der Herzregion und in die Arme ausbreitete. Es war, als ob ich durch und durch von einem warmen, goldenen Licht durchflutet wurde. Ich hatte keine Mühe, dies lang zu halten.

Ich erinnerte mich an dieses Gefühl aus Kindertagen, wenn ich ganz im Spiel mit jemandem versunken war. War das schön! Diese Wärme. So konnte sich ein Körper anfühlen? Ich hatte das noch nie erlebt. Ich badete in diesem Gefühl und fühlte mich geliebt, unendlich geliebt und bedauerte es richtig, als der Wecker nach 45 Minuten klingelte.

An die Übung des Vormittags und an Ben dachte ich nicht. Aber in der Rückschau glaube ich, dass dieses Erlebnis des sich gegenseitigen ganz auf den anderen Einlassens der Auslöser dafür gewesen sein musste, dass ich ganz in Kontakt mit mir selbst treten konnte.

Ich merkte, dass Ben und ich uns auch über die Übung hinaus verstanden. Auch merkte ich, dass er meine Nähe suchte. Das Interesse und die Initiative, mir nahe zu sein, ging eindeutig von ihm aus. Das gefiel mir sehr. Ich brauchte überhaupt nicht aktiv zu sein, sondern mich wie beim Tanzen führen und es geschehen lassen.

Den letzten Abend verbrachten wir in lustiger Runde und verabschiedeten uns recht spät. Da gab es zwischen Ben und mir diese eine, kurze, aber mich so sehr rührende Geste. Eine kleine Berührung unserer Hände, so wie man manchmal hoch gewachsenes Sommergrass im Vorbeigehen mit den Fingerspitzen streift. Es war so sanft, aber dadurch umso intensiver. Auf einmal schwebte ich. Ich ging bei Vollmond durch den stillen Ort zu meiner Pension in mein Zimmer.

Ja, ich war verheiratet. Ja, meine Ehe war lange eine glückliche und zufriedenen Ehe gewesen. Wir hatten unzählige wunderschöne, verbundene, zärtliche Momente. Es fehlte mir an nichts. Wirklich an gar nichts. Warum berührte mich dann die Begegnung mit Ben so? Ich wusste es nicht.

Dr. Hemmerich hatte mich auf Teneriffa gefragt: »Mit welchem Landschaftsbild würden Sie Ihre Ehe beschreiben?« Ich hatte ihm nach einigem Überlegen geantwortet: »Eine spätsommerliche Landschaft mit viel Weite, Wärme und Fülle und vielen Früchten.« Später erzählte er mir, dass ihm spontan der Gedanke kam, dass hier wohl etwas reif sei. Mir wäre dieser Gedanke nicht gekommen. Natürlich dachte ich manchmal darüber nach, dass ein jüngerer Mann auch interessant wäre, weil ich ja noch ein paar Jahre vor mir hatte. Wolf wurde nun deutlich älter und so kam es, dass ich im Laufe der Zeit immer mehr allein war oder etwas mit meinen Freundinnen unternahm. Aber es störte mich nicht. Dadurch fühlte ich mich frei und stark und ich genoss das Gefühl, ihn zu lassen, wie er eben war. Das waren Kleinigkeiten, die es in jeder Ehe gibt, und es wäre mir nicht in den Sinn gekommen, dass irgendwo auf diesem Planeten ein Mann herumlaufen könnte, der mich so tief berührt, dass ich Wolf verließe. So weit war es nicht. Erst mal gab es eine sanfte Begegnung. Es war, als ob plötzlich eine neue Saite auf dem Instrument meiner Seele gespielt würde. Ein weicher, warmer, voller Klang. An diesem Abend bin ich ruhig zu Bett gegangen.

Das Abschlussgespräch am nächsten Vormittag fand wieder zu zweit statt und Ben und ich fädelten es erneut so ein, dass wir dieses Gespräch miteinander führen konnten. Was hatte uns in den letzten Tagen besonders gefallen oder angeregt? Zu meiner Überraschung sagte Ben: »Mich beglückt die Verbindung zwischen uns beiden am meisten, ich bemerke eine besondere Schwingung.«

Wir liefen zusammen die Straße hinunter und es war, als ob unsere Körper ohne unser Zutun so nah wie möglich zueinanderkommen wollten. Wir vernachlässigten die Hauptfragen und genossen, dass wir beide das Gleiche erlebten und keine Mühe und Scheu hatten, darüber zu sprechen.

Dann mussten wir uns verabschieden. Glücklicherweise hatten wir Telefonnummern getauscht, sodass wir unser Gespräch nahtlos über SMS fortsetzen konnten. Ein paar Tage lang waren wir beide miteinander im Flow und ich war unerwartet einfach nur glücklich.

In einer Situation, als ich gerade an der Nadel hing und meine Infusion bekam, schrieb ich ihm: »Ich weiß nicht, ob ich eigentlich 38 oder doch erst 16 Jahre alt bin. Da kannst du mir vermutlich auch nicht helfen.« Er antwortete prompt: »Ich weiß nur, dass wir zusammen 16 sind.« Besser konnte man es nicht sagen.

Wir wussten, dass wir uns bald, wenn auch nur kurz, in Berlin wiedersehen würden. Er war beruflich in der Stadt, und wir konnten uns für eine Stunde treffen, bevor er zum Flughafen musste. Am Abend zuvor wollte ich doch noch mehr über diesen Mann herausfinden. Ist ja schon besser zu wissen, wen man vor sich hat, und wofür gibt es das Internet? Ich war schnell bei seiner Vita.

Tja, da war sie wieder diese alte Angst. So ein erfolgreicher Mann, mit all dem, was er schon gemacht hatte, und dann ich, mit meiner Ausbildung, mit der fast niemand etwas anfangen konnte, schwer krank und in einer existentiellen Krise. Nein, das ging nicht. Ich konnte ihm nicht etwas vorspielen. Das war nicht fair und ich würde mich auch nicht wohl dabei fühlen. Hinzu kam, dass auch er liiert war. Er hatte mir zu meinem großen Erstaunen gesagt, dass er das Risiko trotzdem eingehen und mich kennen lernen wollte.

Wenn man ein Risiko eingeht, muss man wissen welches, so dachte ich. Ich rechnete fest damit, dass unser kleiner Flirt schnell beendet sein würde, wenn er wüsste, dass ich gar nicht mehr arbeitete und meine Gesamtsituation ausgesprochen ungeklärt war. Damit wäre die Entscheidung für mich einfach gewesen, denn ich merkte schnell, dass die Angelegenheit begann, mich zu ergreifen. So bin ich eben. Wenn mich etwas ergreift, besteht immer die Gefahr, dass jede Faser meines Wesens erfasst wird. Und ich ahnte, dass mir das gefährlich werden konnte. Einen Moment lang hatte ich sogar überlegt abzusagen, weil ich so verunsichert war und mir wertlos und uninteressant vorkam.

Nachdem ich mich von dem ersten Schock erholt hatte, sah ich mir noch eine Dokumentation über Joseph Beuys an – einen Künstler, den ich sehr schätze. Es ging um seine Arbeit »Zeige deine Wunde«. Darin meinte er, man müsse seine Wunde offenlegen, wenn sie heilen sollte. Das motivierte mich.

Als ich Ben am nächsten Tag im Kulturforum in Berlin abholte, war ich fest entschlossen, ihm reinen Wein einzuschenken. Auch wenn es für mich bedeutete, meine Fassade einzureißen und das Risiko einzugehen, im zweiten Teil des Führungsworkshops jemanden zu haben, der mehr von mir wusste, als ich eigentlich wollte.

Als ich die Tür zum Saal öffnete, wo ich ihn abholen sollte, war es, als ob er mein Eintreten gespürt hätte, ohne mich zu sehen, obwohl mindestens 25 Meter zwischen Tür und Bühnenraum lagen. Er drehte sich sofort zu mir um, kam auf mich zu und wir verließen den Saal.

Worüber ich bei meinen ganzen Gedanken und Sorgen überhaupt nicht nachgedacht hatte, war, dass wir uns ja vielleicht küssen würden. Die Saaltür hatte sich gerade hinter uns geschlossen, wir standen voreinander und ja, wir küssten uns. Ganz zärtlich, voller Hingabe, nicht leidenschaftlich oder stürmisch, dafür mit einer großen Aufmerksamkeit. Es war wie ein Tautropfen, der im Sommer am Morgen auf einem Rosenblatt ruht.

Die Abgründe, mit denen ich mich beschäftigte hatte, waren tief und sehr dunkel, dieser eine Kuss jedoch war so viel tiefer für mich als jeder Abgrund, den ich bis zu diesem Zeitpunkt betreten hatte.

Wir entschieden, die Zeit für einen Spaziergang zu nutzen, und er sprach über seine Arbeit. Irgendwann war ich dran und sollte erzählen, was bei mir los war. Nun denn, ich hatte mir etwas vorgenommen, dann sollte es jetzt wohl sein. »Weißt du«, begann ich, »ich habe es euch nicht so deutlich gesagt, aber ich bin schon seit über sechs Wochen krankgeschrieben. Ich habe den Stress des Schulalltags nicht mehr geschafft.« Das Thema Krankheit wollte ich hier noch nicht anbringen. Nicht gleich beim ersten Treffen. »Es ist mir alles zu viel geworden und ich war nicht mehr in der Lage, meine Arbeit gut zu machen.« Wir schwiegen eine Weile, bevor ich weiterfortfuhr: »Das ist allerdings erst der Anfang. Den Rest erzähle ich dir ein anderes Mal.« Er wartete einen Moment.

»Du musst ja nicht, und ich will dich auch nicht bedrängen, aber willst du nicht doch alles sagen? Dann hast du es hinter dir.« Recht war mir das nicht, aber ich wusste, es würde mich erleichtern. Also setzten wir uns auf eine Bank an der Spree in die Sonne und ich begann zu sprechen. In Kurzform zwar und etwas zögernd, aber meine ganze Geschichte der letzten Jahre. Er hörte mir ruhig zu, manchmal fragte er kurz etwas nach, aber eigentlich ließ er mich reden. Dann war es raus. Er sah mich nur an.

»Wow, ich bin beeindruckt«, sagte er schließlich.

»Bitte, nicht beeindruckt sein«, antwortete ich. Das wollte ich doch gerade nicht mehr.

»Das ist was Gutes, beeindruckt zu sein«, gab er zurück. Daraufhin nahm er mich liebevoll in den Arm und hielt mich. Aber da war kein Mitleid, da war einfach nur Präsenz und Wärme.

Als ich mich wiederaufrichtete, bemerkte er: »Ich glaube, es war wichtig für dich, das zu erzählen. Für mich ändert es aber an der ganzen Sache erst einmal gar nichts.«

»Na ja«, erwiderte ich, »aber es ist ja schon wichtig für dich zu wissen, worauf du dich einlässt. Diese schwierige Erkrankung wird über kurz oder lang wieder ein Thema sein.«

»Wie rational du da ran gehst«, staunte er.

Ich war völlig überrascht. Ich hatte damit gerechnet, dass er sich für meine Ehrlichkeit und Offenheit bedanken würde und gleichzeitig klar wäre, dass dann nicht mehr aus uns werden könnte. Eine Partnerin, die schwer krank ist, wer will die schon? Schade, dass es mir damals unmöglich war, für meine Bedürfnisse und meine seelische Sicherheit zu sorgen. Etwa folgendermaßen: »Ben, ich bin unsicher, ob wir uns richtig verstanden haben. Ich bin schwer krank. Wir wissen nicht, wie viel Zeit uns bleibt. Doch die meisten Menschen können es sich leisten, so zu tun, als würden sie ewig leben. Ich kann das nicht. Möglicherweise habe ich nur noch wenige Jahre, in denen es mir vergönnt ist, ein erfülltes Liebesleben zu haben, einfach, weil ich damit rechnen muss, meine Empfindungsfähigkeit in dem Bereich zu verlieren. Für mich kommt ein Kennenlernen nur mit jemandem in Frage, der mich und meine Situation erkennt, durchschaut und sie wirklich will – der sieht, dass daran auch etwas Wertvolles ist. Auch wenn es schwierig und herausfordernd sein wird. Deshalb habe ich dir meine Geschichte erzählt.«

Hier würde ich ihm einen Moment Zeit lassen und dann fortfahren: »Bitte geh einfach ein paar Tage in dich und überlege dir, ob du das wirklich willst. Wenn ja, dann brauchen wir Zeit miteinander, um zu überlegen, wie wir dieses Kennenlernen, von dem du gesprochen hast, gestalten wollen. Denn du wohnst schließlich weit weg und wir können uns nicht so einfach mal treffen.«

So kann ich heute sprechen. Ich habe inzwischen begriffen, dass es keinerlei Einfluss auf meinen Wert hat, dass ich krank bin. Damals konnte ich das nicht. Ich fühlte mich wertlos als Mensch und besonders als Frau. Und so war ich von seiner Reaktion überrascht oder besser gesagt: überwältigt. Ich war so dankbar dafür, dass ich keine Ablehnung erfuhr oder das Gefühl haben musste, dass etwas zwischen uns stand. Er brachte mein Glaubenskonzept zum Einstürzen.

Durch diese eine Stunde im Tiergarten wurde ich vollkommen unerwartet mit meinem Beziehungsverhalten mir selbst und den Männern gegenüber konfrontiert. Was daraus folgte, war ein schmerzlicher Selbsterkenntnisprozess, der unumkehrbar wurde. Dennoch bin ich dankbar. Unendlich dankbar für diese eine Stunden im Tiergarten in Berlin!

Ich bin niemand und begegne der Angst

Ich bin vier oder fünf Jahre alt. Ich liege in meinem Bett. Habe ich schon geschlafen? Ich weiß es nicht. Auf jeden Fall bin ich jetzt wach. Es ist dunkel im Zimmer und ganz still. Mir ist heiß, ganz furchtbar heiß unter der Decke und es prickelt überall. Aber ich darf mich auf keinen Fall bewegen! Ich darf eigentlich noch nicht einmal atmen. Ich versuche, so leise und so wenig zu atmen, wie es nur irgendwie geht, damit mein Atem unhörbar ist. Ich liege steif. Keine Regung darf von mir ausgehen ... Warum? Na, wegen der bösen, wilden Tiere unter meinem Bett. Die fressen mich auf, sobald ich auch nur eine winzige Bewegung mache. Warum rufst du nicht nach Hilfe? Das geht nicht, niemand kann mich hören, und wenn ich rufe, dann kommen die wilden Tiere und fressen mich auf ...

Es war ein schöner, strahlender Herbsttag im September desselben Jahres, kurz bevor ich Ben begegnete. Familientreffen. Ich hatte mich darauf gefreut. Gleichzeitig stellten diese Zusammenkünfte auch immer eine gewisse Herausforderung für mich dar. In Bezug auf meine Familie litt ich unter Minderwertigkeitskomplexen. Viele meiner Verwandten waren sehr erfolgreich, auch in finanzieller Hinsicht. Ich war zwar als Lehrerin erfolgreich, aber wirklich Geld verdiente ich nicht damit. Es reichte zum Leben. Mehr aber auch nicht.

Ein Zusammentreffen mit der Herkunftsfamilie ist für viele Menschen, die ich kenne, herausfordernd und geht mit einer gewissen inneren Anspannung einher. Dieser Tag aber war besonders.

Von der ersten Begegnung an breitete sich die Hitze, die ich aus Kindheitstagen so gut kannte, und der ich früher den Namen »Scham« gegeben hatte, um meinen ganzen Körper herum aus. Es wurde immer schlimmer und ich hatte das Gefühl zu brennen. Das Treffen forderte mich sehr. Jedes Gespräch war eine Überforderung. Und immer diese Hitze! Ich hatte fürchterlichen Durst. Aber soviel ich auch trank, es wurde nicht besser. Im Gegenteil.

In der darauffolgenden Nacht tat ich kein Auge zu. Allerdings lag ich in meinem Hotelbett und hatte ein Bilderlebnis nach dem anderen. So etwas hatte ich vorher noch nie erlebt. Ich wurde überschwemmt von inneren Bildern, ähnlich wie im Traum. Allerdings war ich dabei hellwach und es fühlte sich alles real an. Mein ganzer Körper brannte. Dieses Brennen »wanderte« von den Füßen aufwärts. Es war so, als würden brennende, prickelnde Wellen durch meinen Leib ziehen. Wenn eine Welle vorbei war, kam die nächste, gepaart mit neuen Bildern.

Ich habe diese Bilder nicht »produziert« wie in meinen Tagträumen, wenn ich mir irgendetwas aktiv vorstellte. Sie kamen einfach aus mir heraus und ich folgte, wie des Nachts, wenn ich träumte. Ich kannte dieses Phänomen aus meinen Erfahrungen mit Cannabis: wach sein und Traumbilder sehen. In dieser Situation war ich allerdings vollkommen nüchtern und mein letzter Konsum war fast zwei Jahre her. Es waren Bilder, die mit meiner Familie zu tun hatten, mit meiner Herkunfts- und meiner aktuellen Familie.

In einem Bild sah ich meine Mutter. Sie war nackt und saß in einer Art Schneidersitz. Ich konnte sie von vorne sehen. Auf ihr krabbelte mein kleiner Bruder herum. Er war ein Kleinkind von vielleicht drei Jahren. Auch er war nackt. Ich stand abseits und beobachte die Szene. Auch ich war ein Kind. Vielleicht fünf, sechs Jahre alt. Was ich anhatte, weiß ich nicht mehr. Das ganze Bild war in ein rötliches Licht getaucht und es war furchtbar heiß. Mein Vater kam zu mir und stellte sich neben mich.

»Komm, wir gehen da jetzt dazu.«

Das machten wir dann auch. Dann waren wir zu viert. Ganz nah. Es war alles immer so heiß. Um uns herum war ein großes Feuer. Dann klang das Bild ab und es folgte das nächste. Wie lange das so ging, kann ich nicht sagen.

Am Morgen tauchte auf einmal eine Frage in mir auf: Was hat das Thema Missbrauch mit mir zu tun? Schon in den Wochen und Monaten davor hatte ich furchtbare Körperzustände durchlitten. Oft des Nachts. Meist wachte ich nach einer kurzen Schlafphase auf und hatte das Gefühl, eine Nadelwalze führe durch mich hindurch. Häufig war mir auch schlecht, ich schwitzte kalten Schweiß und konnte mich gleichzeitig nicht rühren. Durch meine Meditationspraxis hatte ich jedoch gelernt, meine Körperzustände wahrzunehmen und mit meiner Beobachtung zu begleiten. Und so tat ich es. Es ging oft über Stunden: Herzrasen, Schweißausbrüche, Prickeln am ganzen Körper, Übelkeit, Anspannung, Schlaflosigkeit.

Als ich von besagtem Familientreffen nach Berlin zurückkehrte, stieg ich aus dem Zug aus und war vollkommen verloren. Ich fand den Ausgang des Bahnhofs nicht. Vollkommene Orientierungslosigkeit. Und das passierte mir, die ich bisher immer die Orientierung behielt und nie Schwierigkeiten hatte, mich zurechtzufinden! Keine Ahnung, wie lange ich suchte. Gefühlt eine Ewigkeit.

Es dauerte fast zwei Wochen, bis ich mich wieder einigermaßen orientieren konnte. Aber die oben beschriebenen Körperzustände hielten an. In der Regel nachts. Manchmal auch tagsüber. Dann gingen sie oft einher mit Wortfindungsstörungen und anderen Stresssymptomen wie Schwindel, Weinen, Kraftlosigkeit und Konzentrationsschwierigkeiten. Und so begann ich der Frage nach dem Missbrauch gezielter nachzugehen.

Den ersten Hinweis fand ich in einem Buch. Dort wurde von einer betroffenen Frau ein ähnliches Märchenbild beschrieben, wie ich es als Kind selbst erfahren hatte. Dieses mit dem Hinweis des Autors, dass solche Märchenbilder klassisch seien bei frühkindlichem Missbrauch. Wenn das kleine Kind noch nicht wissen könne, was ihm geschehe, seien die Traumgebilde eine kindliche Form der Verarbeitung, um mit einem Erlebnis, das es seelisch überfordert, klar zu kommen.

Einige Jahre zuvor hatte mein Hausarzt mich auf eine Psychologin aufmerksam gemacht, die eine spezielle Form der Familienaufstellung anbot. Er hielt große Stücke auf ihre Arbeit. Daran erinnerte ich mich jetzt. Und so fasste ich den Entschluss, mich dieser Frage, die sehr drängend wurde, zu nähern. Das Besondere an dieser Form der Familienaufstellung war, dass sie »verdeckt« stattfand. Keiner der Stellvertreter wusste, um welche Frage oder Thematik es in der Aufstellung ging. Nur die fragende Person, also ich, und die Therapeutin kannten das Thema.

Ein großer Teil der Teilnehmer kannte sich untereinander, weil sie regelmäßig zusammenkamen. Von vielen wurde mir hinterher berichtet, dass meine Aufstellung in ihrer Intensität, Länge und Dichte außergewöhnlich war. Ja, es war wirklich dramatisch, was sich da zeigte. Nicht nur die Stellvertreter, auch viele, die nur zuschauten, weinten, als ob sie für mich mitweinen wollten. Und das Ergebnis war eindeutig. Es ging um innerfamiliären Missbrauch.

Familienaufstellungen sind umstritten. Das ist mir bewusst. Doch ich spürte, dass ich auf der richtigen Spur war.

Nach dieser Aufstellung wurde mir klar, dass meine Mutter mit uns Kindern Beziehungsmissbrauch betrieben hatte, der weitreichende Auswirkungen auf mein Beziehungsverhalten anderen und mir selbst gegenüber hatte. Wir wurden von Kindheit an emotional benutzt, erpresst und körperlich misshandelt, und diese Erfahrungen hatten mich viel tiefer geprägt und verunsichert, als ich es bis dahin begriff. Je näher eine Beziehung wurde, umso deutlicher zeigten sich die Folgen.

Ich fand ein Foto, auf dem meine Mutter mich küsste wie ihren Geliebten. Ich war da Mitte zwanzig.

Kurz nachdem ich Wolf kennengelernt hatte, kam es zwischen meiner Mutter und mir zu einer heftigen Auseinandersetzung. Sie sprang von ihrem Stuhl auf und ging auf mich los. Durch die Begegnung mit ihm hatte ich an innere Widerstandskraft gewonnen und so nahm ich meinen Mut zusammen, erhob mich und brüllte sie an so laut ich konnte: »Wenn du mich noch einmal anfasst, schlage ich zurück.« Es zeigte Wirkung. Sie setzte sich wieder hin. Und ich hatte den ersten von vielen Schritten getan, mich aus dieser schädlichen Mutter-Tochter-Beziehung zu lösen. Wenig später verstieß sie mich, weil sie es nicht ertrug, dass ein anderer Mensch den ersten Platz in meinem Leben einnahm. Meinen Bruder verbannte sie aus ähnlichen Gründen. Wir wurden ihr »untreu«, das war ihr unerträglich. Jahrelang schrieb sie uns Briefe, in denen sie uns beschimpfte und uns verantwortlich machte für die ihre Misere, in der sie sich befand.

Eine posttraumatische Belastungssituation kann auch Jahrzehnte nach dem traumatisierenden Ereignis auftreten. Das ist nichts Ungewöhnliches. Die vielen traumatisierenden Erlebnisse, die sich durch meine Biografie zogen, nahmen mir erst den Lebensmut. Durch meine Meditationspraxis hatte ich dann Zugang zu meiner tiefen Traurigkeit gewonnen und durch die Aufstellung auch zu meinen fürchterlichen Ängsten. Diese bestimmten mein Leben, ohne dass mir das bis dahin bewusst geworden war.

Durch diese vielen Erkenntnisse, die mit einer großen Wucht über mich hereinbrachen, war ich durcheinander, hilflos und fühlte mich mit meiner Situation überfordert. Die Ruhe und Gelassenheit, mit der Ben auf meine Geschichte reagierte, waren für mich wie der rettende Strohhalm, nach dem der Ertrinkende greift. Ich fühlte mich angenommen und geliebt, wie ich eben war.

Wolf hatte mir dieses Gefühl nicht geben können oder wollen, als ich ihm von meiner Traurigkeit und inneren Not erzählte. Im Gegenteil. Als ich ihm sagte, dass ich etwas an meiner Art zu leben ändern müsse, wandte er sich von mir ab, in dem er mich wissen ließ, dass ich nur Theater spiele und psychisch der gesündeste Mensch sei, den er kenne.

Ben vermittelte mir hingegen das Gefühl, mich ganz annehmen zu können, mit meinen Ängsten, mit meiner Krankheit, mit meiner Orientierungslosigkeit, und damit war es sofort um mich geschehen. Dadurch allerdings war meine schlimmste Befürchtung vom ersten Moment an mein ständiger Begleiter: Die Ur-Angst, diese Beziehung wieder zu verlieren.

Es gab viele Nächte, in denen ich nur wenig schlief und Stunde um Stunde meinen Körper beobachtete, der vollkommen in Aufruhr war. Wenn ein Anfall vorüber war, schlief ich für eine oder zwei Stunden ein, um dann erneut zu erwachen und die nächste Panikattacke hinter mich zu bringen. Ich durchwanderte seelische Erlebniswelten. Dabei fühlte ich mich die ganze Zeit über »begleitet«. Es war für mich so, als wäre Ben, den ich gerade mal ein paar Tage kannte, die ganze Zeit in meinem Inneren bei mir. Und immer, wenn eine Anwandlung vorbei war, durchströmte mich ein Gefühl der Wärme und Leichtigkeit, wie ich es in der Begegnung mit ihm zum ersten Mal in meinem Leben erlebt hatte. Es war immer wie eine Belohnung und gab mir die Kraft durchzuhalten.

Er hatte mir ein paar seiner Lieblingslieder geschickt. Alles Stücke und Künstler, die ich noch nicht kannte. Diese hörte ich in Endlosschleife, während ich die Zustände meines Körpers beobachtete. Auch praktizierte ich täglich meine Übungen, die es mir möglich machten, mit der riesigen Herausforderung dieser Angstzustände, klar zu kommen. Einmal jedoch reichte die »innere Präsenz« von Ben nicht aus.

Wenige Tage nach der Familienaufstellung war ich zu einem Geburtstag eingeladen. Ich wollte dem Geburtstagskind eine Freude machen und mich gleichzeitig auch selbst überraschen. Und so hielt ich vor vierzig Leuten eine Rede, sprach ein Gedicht und sang ein Lied. Es kam gut an, ich wurde gelobt und es wurde mir von vielen Seiten versichert, dass mein Beitrag eine große Bereicherung gewesen sei. Und dennoch hatte ich schon den ganzen Abend einen furchtbaren Druck auf der Brust und in der Herzgegend gespürt. Das Atmen wurde immer schwieriger und ich fühlte mich furchtbar unwohl. Nirgends hielt ich es bei der Feier lange aus. Ich musste ständig in Bewegung sein, sonst wurde es schier unerträglich. Schließlich zog ich mich ins Gästezimmer zurück, um mich schlafen zu legen. Doch an schlafen war nicht zu denken. So steckte ich mir Kopfhörer ins Ohr und versuchte, unterstützt von Bens Musik, auch diese Episode durchzustehen.

Leider nahmen die Schmerzen in der Herzgegend weiter zu. Mein linker Arm wurde kalt und taub und schlief ein. Ebenso meine ganze linke Körperhälfte. Ich war bei klarem Verstand und sagte mir, dass sich so wohl ein Herzinfarkt anfühlen müsste. Doch da ich jung und gut trainiert war, schloss ich dies für mich aus. Aufstehen und Hilfe holen konnte ich trotzdem nicht. Dazu fehlte mir in diesem Moment die Kraft. Ich war vollkommen gelähmt. Und so ergab ich mich diesem Zustand, indem ich mir sagte, dass ich in Frieden sei mit dem Gedanken zu sterben. Die anderen würden mich am nächsten Tag finden, falls es sich doch um einen Herzinfarkt handeln sollte.

Und dann geschah etwas Merkwürdiges. In dem Moment, als sich der Gedanke des Sterbens in meinem Geiste ausbreitete, erschien vor meinem inneren Auge mein Arzt aus Teneriffa. Er sah mich aus seinen gütigen Augen an und sagte: »Es ist alles in Ordnung, ich bin da.« Und dann war es, als ob sich mit einem Ruck ein Reißverschluss von meiner Kehle bis zu meinem Becken öffnete. Der ganze Schmerz und Druck auf meinem Herzen ließen mit einem Mal nach und aus der Körperöffnung, die durch den »Reißverschluss« entstanden war, durchströmten mich ein Licht – eine Wärme, Leichtigkeit und, ich möchte sagen, Liebe.

Danach lag ich noch lange wach und spürte diesem Erlebnis nach. Mir fehlten die Begriffe und deshalb konnte ich es nicht einordnen. Nach einer Weile schlief ich erschöpft ein.

Als ich am nächsten Morgen erwachte, fühlte ich mich noch immer kraftlos und in einer merkwürdigen Weise verletzlich. Ich wagte es nicht, meiner Gastgeberin oder irgendjemandem sonst davon zu erzählen. Ich fürchtete, nicht die richtigen Worte zu finden oder bei meinem Gegenüber eine Reaktion auszulösen, die mich zusätzlich überforderte. Also schwieg ich und blieb mit dieser Erfahrung allein. Todesangst hatte ich danach nie wieder gehabt. Dies war das einzige Mal.

Später erfuhr ich, dass es Menschen gibt, die dieses Erlebnis viel öfter haben, wenn sie eine Angsterkrankung durchmachen. Von da an wusste ich: Immer, wenn ich eine Angstattacke durchstehe, kommt danach die Wärme. Sie ist mir zu einer Motivation geworden und ich lernte, mich meinen Ängsten zu stellen.

Heute erlebe ich solch intensive Körperwahrnehmungen nur noch selten als Bedrohung. Ich brauche mich davon nicht mehr einschränken zu lassen. Mit der Zeit entwickelte sich ein wachsendes Vertrauen in meinen Körper und in meine Seele, unterschiedlich schwierige Erlebnisse und Erfahrungen zu verarbeiten und mit den körperlichen und seelischen Reaktionen zurecht zu kommen.

Wer bist du, wenn du einfach bist?

Meditation – ein Übungsweg, der immer größere Kreise unserer Gesellschaft erreicht, vermutlich aus vielen und unterschiedlichen Gründen. Für mich ist dieser geistige Schulungsweg zur wichtigsten Säule in meinem Alltag geworden. Besonders auf meinem Weg, mich mehr mit mir selbst zu verbinden und dadurch weniger Angst zu haben, die Verbindung zu anderen zu verlieren. Hierbei praktiziere ich bis heute eine spezielle Form der Atemmeditation. Diese übe ich jeden Tag in unterschiedlicher Dauer.

Wichtiger als die Dauer, scheint mir die Regelmäßigkeit und der gleiche Zeitpunkt im Tagesablauf zu sein, beispielsweise immer nach dem Frühstück. Oder vor dem Schlafengehen. Mir hilft es, verbindlich mit mir selbst zu sein und mich nicht jedes Mal zu fragen, ob ich dafür jetzt Zeit habe oder nicht.

Ziel dieser Übungen ist, meine geistige, mentale sowie körperliche Präsenz zu steigern, im Hier und Jetzt zu sein, Ruhe zu finden, mich auf den Atem zu fokussieren und ganz bei mir anzukommen. Ich verbinde mich mit mir und allem was gerade geschieht an körperlichen, seelischen und geistigen Prozessen, nehme diese wertungsfrei wahr, ohne sie verändern zu wollen.

Keine Bewertung abzugeben, fordert mich heraus. Schmerzen zum Beispiel oder Unwohlgefühle. Allerdings geht es nicht darum, etwas zu können, sondern etwas zu üben. Meine Variante ist dabei die Folgende:

Ich beobachte die Einatmung, lasse die Ausatmung ruhig fließen, bis alle Luft verströmt ist und beobachte dann die Atempause. Diese verlängere ich. Ich bleibe »ausgeatmet«. Anfangs habe ich gezählt. Manchmal konnte ich die Pause acht Sekunden halten, manchmal zehn, manchmal zwanzig – es ist nicht wichtig. Wichtig ist, dass ich beobachte, wann der Atemreflex wirklich drängend wird und dann noch einen kleinen Moment verzögere. Ein echter Freiheitsmoment! Ich werde einen kurzen Moment frei von meinem Körper und muss seinem Bedürfnis nicht *sofort* nachgeben. Von meinem kranken Körper frei werden zu können, war lange mein innigster Wunsch.

Gleichzeitig übe ich, neu zu atmen. Mir erscheint die Aussage von Dr. Hemmerich einleuchtend: »Bei Schockerlebnissen halten wir plötzlich real und dann gewissermaßen seelisch den Atem an. Man könnte vielleicht sagen, wir ersticken uns selbst.« Ich habe so viele Schockerlebnisse gehabt, dass ich im übertragenen Sinne des Wortes wohl gar nicht mehr »richtig« atmen konnte.

In der Vergangenheit atmete ich viel zu schnell. Fast wie jemand, der hyperventiliert. Gesteigerte Einatmung und viel zu wenig Ausatmung. Das Grundgefühl war: Ich kriege zu wenig Luft.

Auch meditiere ich mitunter mit offenen Augen, weil der Grad der Wachheit dabei zunimmt. Alle körperlichen Empfindungen, den Wärmefluss, das Herzpochen oder Verkrampfungen nehme ich wertungsfrei auf.

Am Anfang meiner Meditationspraxis beobachtete ich über viele Wochen hinweg einen ununterbrochenen Tränenfluss. »Da war wohl etwas reif«, könnte man sagen. Diese vielen runtergeschluckten Tränen meiner Vergangenheit wollten raus und gesehen werden.

Auch die Geräusche, die aus dem Umfeld kommen, versuche ich, aufmerksam zu hören, sowie meine Gedanken zu beobachten. Aber nichts von alledem halte ich fest. Ich lasse alles einfach »vorbeischwimmen«, so als würde ich an einem Fluss sitzen und anschauen, was da vorbei treibt.

Es dauerte lange, bis es mir gelang, auch außerhalb der Meditationsübung in die Gegenwart zu kommen. Ganz langsam jedoch begann ein tiefes Vertrauen zu wachsen: in mich, in mein Leben und in meinen Lebensweg, der mich weiterführen wird, wohin auch immer, und auf dem nicht alles schrecklicher sein wird als bisher. Es stellte sich ein Gefühl des Einverständnisses mit meinem Schicksal ein. Bald gab mein Körper mir ein zu Hause.

Mit der Meditationspraxis veränderte sich auch mein Schlaf. Ich konnte immer häufiger längere Zeiten am Stück schlafen. Und dies, obwohl ich über Monate nicht wusste, wie es mit mir und meinem Leben weitergehen sollte. Das war eine vollkommen neue Erfahrung: am Morgen zu erwachen und zu spüren, dass ich mal richtig »weg« gewesen war und nach dem Schlaf angstfrei in den nächsten Tag gehen zu können. Nur in den nächsten Tag! Nicht in die nächste

Woche, den nächsten Monat oder das nächste Jahr. Nein, nur in den kommenden Tag. Das war mir seit Jahren nicht gelungen.

Psychopharmaka setzen auf der körperlichen Ebene an. Neben Gesprächs- oder anderen Therapien sind sie ein effektiver Weg, um einer Depression oder Angststörung Herr zu werden. Wenn meine Versuche, mir durch Meditation selbst zu helfen gescheitert wären, hätte auch ich Medikamente genommen. Ganz klar. Doch ich wollte vorher wissen, ob ich auf andere Weise schaffen konnte, meine psychischen Probleme in den Griff zu bekommen. Es war mir wichtig herauszufinden, ob es einen Weg gibt, der mich unabhängig werden ließe, von Medikamenten, von Therapeuten und von Ärzten.

Vielleicht kann ich andere Menschen dazu inspirieren, auch einen eigenen Umgang mit der Meditation zu finden, um Kräfte aufzubauen. In meinem Fall ist durch die tägliche Praxis etwas aufgebrochen. Ein Thema kommt an die Oberfläche, das bearbeitet werden will. Für mich hat es sich als große Chance herausgestellt. Klassische Achtsamkeitsmeditationen oder die von mir beschriebenen Atemmeditation sind ungefährlich, weil sie nur das Hier und Jetzt zum Ziel haben. Es geht nicht um Erleuchtung oder um ein besseres Leben.

Einfach anfangen und beobachten, was passiert. Das ist meine Empfehlung.

Winkt dir die Liebe, dann folge ihr so, wie du bist

*»**Es war einmal** eine junge Frau. Sie war nicht besonders schön, nicht im klassischen Sinne jedenfalls, und sie hatte vieles nicht, was andere junge Frauen in ihrem Alter zu bieten haben. Dafür aber hatte sie manche Fähigkeit. Zum Beispiel war sie wortgewandt, geistreich und bewegungsbegabt. Schon von frühster Kindheit an wünschte sie sich einen Gefährten. Sie hatte viele Freundinnen. Aber einen Gefährten fand sie nicht. Das lag daran, dass sie immer begann, sich zu fürchten, wenn ihr einer nahe kam. Dann nahm sie schnell Reißaus und kehrte in die sicheren Mauern ihres Zuhauses zurück. Irgendwann hatte sie die Hoffnung aufgegeben und sich in ihr Schicksal ergeben, dass es keinen Gefährten für sie gab, obwohl sie sich nichts sehnlicher wünschte als dieses.*

Zum Glück erschien ihr ein Mann, dem es gelang, ihr Vertrauen zu gewinnen. Dieser Mann war viel, viel älter als sie. Er war mutig, stark und selbstbewusst und durch seine große Lebenserfahrung brachte ihn nichts aus der Ruhe. Er liebte die junge Frau für all ihre Fähigkeiten und Eigenschaften. Oft neckte er sie zärtlich und nannte sie: »Knabe du, mein Knabe ...« Dieser Mann liebte sie nicht nur ob all dessen, das sie an Eigenschaften und Fähigkeiten mitgebracht hatte, sondern auch dafür, dass sie ebenfalls mutig war und unbedingt eine bestimmte Sorte von Juwelen finden wollte.

Er freute sich an diesen Juwelen – eine seltene Sorte – sie nennt sich »Erfahrung«. Und er begleitete die junge Frau über viele Jahre auf der Suche nach diesen seltenen, aber wertvollen Stücken. Sie mussten auf steinigen Wegen in unbekannte Länder reisen. Dieser Mann jedoch war glücklich darüber, denn dadurch wurde auch sein Reichtum in einer Weise vermehrt, wie er es sich niemals zu träumen gewagt hätte. Er war auch glücklich darüber, dass diese junge Frau so verständig mit ihm war und es sie nur wenig zu stören schien, dass es eine zweite Frau an seiner Seite gab. Eine, die ganz anders war als die junge Frau. Auch diese schätzte er sehr. Dass er sich nicht entscheiden musste, dafür war er dem Leben so dankbar. Auch die junge Frau war glücklich.

Endlich hatte sie einen Gefährten gefunden. Einen, den sie glücklich machen konnte, dadurch, dass sie war, wie sie war und mit dem sie über alles sprechen konnte, der sie verstand, der sie liebte, vor dem sie fast nichts verstecken musste aus Angst, es würde ihn verschrecken. Außer eines: Ihr tiefstes Geheimnis, das konnte sie auch ihm nicht zeigen. Denn dann hätte er sich doch von ihr abgewandt und davor fürchtete sie sich schrecklich. Es war aber auch gar nicht nötig, darüber zu sprechen. Sie hatte das Geheimnis tief in ihrem Inneren vergraben und tat einfach so, als sei es gar nicht da. Oft vergaß sie es selbst. Und wenn es ihr wieder einfiel, dann versuchte sie, es schnell wieder zu vergessen. Und so ahnte er nichts und sie lebten glücklich und wurden reicher und reicher.

Da die Juwelen, die jeder fand, immer nur von demjenigen getragen werden konnten, der sie entdeckt hatte - so war die Regel - wurde der Rucksack der jungen Frau immer voller. Sie war ungemein geschickt darin, diese besondere Juwelensorte namens »Erfahrung« zu finden.

Nach vielen Jahren des gemeinsamen Reisens verspürte die junge Frau eine immer größere Müdigkeit. Der Rucksack wurde schwerer und irgendwann wurde er ihr zu schwer. Immer mühsamer wurde es für sie, noch weiter zu wandern. Sie erzählte ihrem Gefährten, dass ihr die Kräfte schwanden, aber er wollte es nicht glauben und er wusste ja auch nicht, wie er ihr hätte helfen können. Denn es war ihm unmöglich, ihr die Juwelen abzunehmen. Das ließen die Regeln nicht zu. Und so schleppte sie sich weiter und weiter und weiter.

Als sie an einen Fluss gelangten und eine Pause einlegten, konnte die junge Frau ihren Rucksack endlich für einen Moment abstellen. Als sie so am Ufer saß, den Wind in den Bäumen hörte, dem Gezwitscher der Vögel lauschte, die wärmenden Sonnenstrahlen auf ihrer Haut spürte und das Rauschen des Flusses wahrnahm, wurde sie plötzlich traurig. So unendlich traurig, dass sie zu weinen begann. Sie weinte bitterlich, weil sie spürte, dass ihr die Kraft fehlte, auch nur einen Schritt weiterzugehen. Sie weinte, weil ihr die Kraft fehlte, ihren Rucksack wieder aufzunehmen und ihrem Gefährten weiterhin zu verheimlichen, dass sie ein Geheimnis hatte.

Als sie so bitterlich weinte und ihr Gefährte sich wunderte und gar nicht wusste, was er nun tun sollte, kam plötzlich ein alter weiser Mann in einem alten Kahn vorbei geschippert. Er hatte Mitleid, als er die junge Frau dort sitzen und weinen sah. Und so steuerte er seinen Kahn ans Ufer und fragte, warum sie so traurig sei und ob er ihr helfen könne. Sie schüttelte nur den Kopf und sagte, dass es niemand gebe, dem dies möglich sei. Ihren Rucksack müsse sie allein tragen. Er sah sie eine Weile nachdenklich an und dachte bei sich: Diese arme junge Frau. Sie hat keine Kraft mehr und sie wünscht sich zu sterben, das sehe ich in ihren Augen. Er hatte schon viele Menschen sterben sehen und konnte den Wunsch nach Erlösung in den Augen der Menschen erkennen. Da er aber das Leben und die Menschen sehr liebte, sprach er zu ihr: »Es gibt vielleicht einen Weg, auf dem du mit leichterem Gepäck weitergehen kannst, aber du musst erst durch den Fluss namens Veränderung schwimmen und dieser ist wild und gefährlich, hat starke Strömungen und du wirst große Angst haben. Deinen Rucksack wirst du nicht ablegen können. Wenn du aber durch den Fluss schwimmst, werden sich die schweren Juwelen in kostbare Goldfedern verwandeln. Allerdings musst du dein Geheimnis preisgeben. Wenn du es nicht tust, wirst du auf dem Weg zum anderen Ufer untergehen. Aber wenn du es wagst, wirst du auf der anderen Seite des Ufers auf Menschen treffen, die auf dich warten und denen du von dem erzählen kannst, was du erlebt hast. Und manch einer wird mit dir gehen wollen.«

Als die junge Frau das hörte, weinte sie nur noch mehr. Wie gerne wollte sie dem weisen, alten Mann Glauben schenken. Sie sprach mit ihrem Gefährten und fragte ihn, ob er bereit sei, mit ihr zu gehen und durch den Fluss zu schwimmen und schluchzte dabei herzzerreißend. Als er sich aber weigerte, weil er fand, dass sie nach einer ausreichenden Pause ihren Weg weitergehen sollte, wusste sie sich keinen Rat mehr und lüftete schließlich doch ihr Geheimnis. Sie gestand ihm, dass sie, um ihm zu gefallen, ihm zu imponieren und von ihm geliebt zu werden, immer stark, mutig und selbstbewusst gewesen sei. Dass sie aber eigentlich tieftraurig war, eine große Sehnsucht im Herzen hatte und sich so sehr danach sehnte zu zeigen, wie zart, verletzlich, unsicher und ängstlich sie eigentlich war und dass sie lieber sterben wollte, als ihren schweren Rucksack weiter zu schleppen. Ihr Gefährte wollte nichts davon wissen. Er war sich sicher, dass sie, nachdem sie sich ausgeruht hatte, wieder zu Kräften kommen würde und der eingeschlagene Weg der Richtige war. Und so musste sie sich entscheiden. Sollte sie ihrem Gefährten zuliebe bleiben oder sollte sie es wagen, mit der Hilfe des weisen alten Mannes durch den Fluss zu schwimmen, auf der Suche nach einem neuen Weg am anderen Ufer? Weil sie aber wusste, dass sie die Kraft nicht mehr hatte, auf dem alten Weg weiterzugehen und der Wunsch zu sterben sehr groß in ihrem Inneren geworden war, fasste sie sich ein Herz und entschied sich, zu springen.

Kurz bevor sie sprang, stand da ein junger kräftiger Bursche plötzlich vor ihr und sah, dass sie sich bereit machte, zu neuen Ufern aufzubrechen. Er war fasziniert von der jungen Frau. Irgendetwas war anders an ihr als an den anderen jungen Frauen, die er bisher getroffen hatte. Einen kurzen Moment lang flammte in ihm eine Frage auf. Die Frage nämlich, ob er nicht auch in diesen Fluss springen und mit der jungen Frau zusammen zu neuen Ufern aufbrechen sollte. Er sprach sie an und sie erzählte ihm ein wenig von der Reise, die sie vorhatte. Er hörte ihr aufmerksam und interessiert zu, aber gleichzeitig schauderte es ihn auch bei dem Gedanken, welche unbekannten Herausforderungen in dem Land auf der anderen Seite des Flusses warten würden. Und er zweifelte auch, ob er dieser Frau ein guter Gefährte sein könne. Denn sie war so anders und er wusste nicht, was dies für eine gemeinsame Wanderschaft bedeuten würde. Da dachte er nicht länger darüber nach und verwarf die Idee mitzuspringen. Aber in seinem Herzen war doch eine Sehnsucht geweckt worden. Die Sehnsucht nach einem Kuss. Er wollte den Mund dieser ungewöhnlichen Frau küssen, die so mutig war, in diesen wilden Fluss zu springen, um auf der anderen Seite ganz allein nach unbekannten Wegen zu suchen. Wenigstens einmal in seinem Leben wollte er sie küssen.

Am nächsten Morgen kam er wieder zu der Stelle, wo sie tags zuvor dabei gewesen war, ihre Reisevorbereitungen zu treffen. Da sie noch immer zu tun hatte und der Zeitpunkt zu springen wohl noch nicht gekommen war, nahm er all seinen Mut zusammen, ging auf sie zu und küsste sie. Sie war vollkommen überrascht, aber es war, als ob dieser Kuss ihr plötzlich neues Leben eingehaucht hätte. Sie hatte so etwas noch nie erlebt. Wie konnte das sein? Auf einmal spürte sie eine wunderbare Leichtigkeit und Wärme in ihrem Körper. Wer war dieser Mensch, der zu so etwas in der Lage war? Der ihr mit einem einzigen Kuss das geben konnte, wonach sie sich so sehr sehnte? Leichtigkeit und Wärme und das Gefühl, von einem Mann geliebt zu werden, so wie sie eben war, auch mit der großen Traurigkeit und Müdigkeit in ihrem Herzen. Sie schaute ihn ungläubig an und auch der junge Bursche war erstaunt über das, was er bei diesem besonderen Kuss erlebt hatte. Trotzdem wollte er weiter, denn die Zeit drängte.

»Willst du nicht mit mir gehen?«, fragte ihn die junge Frau plötzlich und von ihrem eigenen Mut überrascht. Er zögerte einen Moment, doch blieb er bei seinem Entschluss, weiter auf seinem wohlbekannten Weg zu bleiben. Er brauchte die Sicherheit des Vertrauten. Und jetzt sprang die junge Frau ins Wasser.

Der weise alte Mann begleitete sie in seinem Boot. Schwimmen musste sie selbst, aber immer wieder durfte sie sich eine Weile am Bootsrand festhalten, wenn ihr durch die Strömungen die Luft ausging. Sie erzählte ihm dabei jedes Mal von dem jungen Burschen und wie sehr er sie berührt hatte. Sie gestand ihm, dass sie sich nichts sehnlicher wünschte, als dass er vielleicht doch noch springen und mit ihr durch den Strom zum anderen Ufer aufbrechen würde. Der weise alte Mann hörte ihr verständnisvoll zu und sagte ihr, dass dies nicht sehr wahrscheinlich sei. Sie fragte ihn, ob sie irgendetwas hätte tun können, um den jungen Burschen zu bewegen, mit ihr zu kommen. Da schüttelte er den Kopf und sagte, dass dies unmöglich sei. Den Mut und diese Bereitschaft könne nur jeder selbst aufbringen. Sie war sehr traurig darüber. Wie gerne wäre sie mit ihm den neuen, unbekannten Weg gegangen.

Schließlich war es geschafft. Sie hatte das andere Ufer erreicht und war nicht untergegangen! Allerdings brauchte sie viele Wochen, bis sie sich von den Anstrengungen der Flussdurchquerung erholt hatte. Und sie vergoss immer noch viele Tränen. Täglich. Tief war der Kummer, ohne den jungen Mann gehen zu müssen. Der weise Mann hatte in ihr indes das Vertrauen geweckt, dass doch einer kommen würde, der mit ihr den Weg gehen wolle.

Nachdem der Weise sich von ihr verabschiedet und ihr eine gute Reise gewünscht hatte, ging sie mutig vorwärts. Und wirklich: Bald darauf tauchte ein schöner junger Mann auf ihrem Wege auf. Sie schöpfte Hoffnung. Ob er wohl ihr Gefährte werde könnte? Doch es stellte sich bald heraus, dass das nicht gehen würde. Der Platz in ihrem Herzen war nicht frei und sie konnte diesem jungen Mann seinen tiefsten Wunsch, ein Paar mit Kindern, nicht erfüllen. So ließ sie ihn ziehen und fügte sich in ihr Schicksal. Noch musste sie allein wandern.

Sie wusste, es würde Jahre dauern, bis sie diesen einen, der sie »wach« geküsst hatte, vergessen konnte. Ob ihr dies jemals gelang? Sprechen konnte sie mit niemandem darüber. Niemand, den sie auf ihrem Weg traf, konnte verstehen, wieso sie diesen tapferen Burschen so sehr liebte, der ihr nur einen einzigen Kuss geschenkt hatte. Sie aber bildete sich ein, dass es viele Küsse gewesen waren und dass sie Liebe in diesen Küssen gespürt und in seinen Augen gesehen hatte.

Die Menschen schüttelten den Kopf und sagten, dass dies nicht sein könne, denn dann wäre er mit ihr gegangen. Auch sie wusste das.

Der neue Weg verlangte viel Mut von ihr. Sie machte neue Bekanntschaften, aus denen bald wunderbare Freundschaften wurden und genoss es sehr, ohne ihren schweren Rucksack wandern zu können. Wie bei jeder Reise wusste auch sie nie, was als nächstes vor ihr lag. Zum Glück und in weiser Voraussicht hatte der weise alte Mann ihr ein kleines Rucksäcklein mit Handwerkszeug mitgegeben. Der neue Weg gefiel ihr täglich besser und sie entdeckte, dass ihr das Wandern allein sogar Freude bereitete. Sie konnte ihren Gedanken nachgehen und nach Herzenslust entscheiden, wohin sie gehen wollte. Zu zweit wäre das viel schwieriger gewesen. So wurde sie mutiger, folgte ihrer Neugier und machte viele weitere Erfahrungen. Vergessen konnte sie den jungen Burschen nicht, aber sie sehnte sich auch nicht mehr nach ihm. Er hatte ihr etwas Wichtiges geschenkt und dafür war sie ihm dankbar. Sie hoffte, dass er glücklich würde in seinem Land. Eine innere Stimme sagte ihr, dass sie noch jemanden treffen würde, mit dem sie wandern konnte. So wie der weise alte Mann es ihr gesagt hatte.«

Ich schrieb dieses Märchen für Ben, um ihm zu erzählen, wo ich emotional stand, denn direkt hätte ich es ihm auf keinen Fall sagen können.

Als ich die Geschichte zu Ende geschrieben hatte, stellte ich fest, dass sie ein ziemlich pathologisches Beziehungsverhalten beschreibt. Was mir auffiel: Eine junge Frau erinnert ihren Gefährten an einen Knaben. Vom Aussehen als auch von der ganzen Art, sich zu geben. Und weil sie weiß, dass es genau dieser Habitus ist, den er liebt, kultiviert sie all diese Eigenschaften: Sie ist möglichst immer rational und emotionskontrolliert, selbstständig, mutig, stark und taff. Es fällt ihr nicht schwer, weil sie dies schon eine ganze Weile lang geübt hatte.

Er ist ein harter Bursche, der oft deftige Worte sagt. Zu Anfang ist sie noch verletzt davon. Mit der Zeit entwickelt sie eine solche innere Härte, dass nichts, aber auch gar nichts, was er sagt, sie aus der Fassung bringen kann. Es perlt alles an ihr ab. Er freut sich, dass sie ihm gewachsen ist und es als einzige Frau mit ihm aushält. Dass sie ihre verletzten Gefühle verdrängt, solange, bis sie keine mehr wahrnimmt, sehen sie beide nicht. Dazu kommt, dass er eine *zweite* Frau in seinem Leben hat.

Sie aber wollte die Einzige sein. Auch wollte sie nur einem Mann ihr Herz schenken. Einige Jahre lang lebte sie in dem Glauben, dass dies auch so sei, dass er, auch wenn es ihm schwerfiel, sich ganz auf sie eingelassen hatte. Bis sie irgendwann eines Besseren belehrt wurde.

Sie lässt sich seine Beweggründe erklären, versucht zu verstehen, warum ihm das wichtig ist, zwei Frauen zu haben und dann verbindet sie sich so sehr mit seinem Bedürfnis nach Vielfalt, dass sie sich schließlich einverstanden erklärt, eine zweite Gefährtin an seiner Seite zu akzeptieren. Sie findet es sogar zunehmend gut, fühlt sich stark, fortschrittlich und freilassend und ist nun sicher, dass er sie niemals verlassen wird, weil sie ihm ein Lebenskonzept ermöglicht, von dem er immer träumte. Dass sie dabei ihre eigenen Gefühle und Empfindungen abspalten muss – diesen Gedanken will sie nicht zulassen. Sie gibt sich selbst auf.

So ist sie glücklich mit ihm. Sie ist deshalb so glücklich, weil es ihr gelingt, *ihn* glücklich zu machen und sie sich in seiner Familie zugehörig und geborgen fühlt – und weil sie sich verstehen. In fast allem verstehen sie sich so gut, dass es eine Wonne ist. Fast immer. Und wenn sie sich mal nicht verstehen, dann verstehen sie sich doch, weil sie so geschmeidig ist, dass sich alles immer in Wohlgefallen auflöst.

Bis zu dem Tag, an dem sie ihre Traurigkeit und Verzweiflung zeigt und ihn wissen lässt, dass sie am Ende ihrer Kräfte angekommen ist und dass sie Hilfe braucht. Von diesem Tag an ist sie in seinen Augen nicht mehr die Gefährtin, die er braucht und er verlässt sie doch.

Auch die Begegnung mit dem jungen Burschen zeigt besondere Züge. Hier taucht ein vielversprechender junger Mann auf. Unerwartet und für sie vollkommen überraschend, da sie nicht damit rechnet, nochmals einem Mann zu begegnen, der sie nachhaltig begeistert. Und er begeistert sie wirklich. Im genauen Wortsinn. Er inspiriert sie. Einfach nur dadurch, dass er ist, wie er ist. Er hingegen hat keine Zeit und auch keinen Raum für das, was sie sich wünscht. Keine Zeit und keinen Raum. Das kennt sie. Das weckt Erinnerungen, die tief in ihr vergraben waren. Je weniger Zeit und Raum ein Mann für sie hat, umso heftiger kann sie sich in ihn verlieben.

Es gibt so ein Sprichwort: »Man kann nur lieben, was man kennt«. Einen abwesenden Mann zu lieben, das hat sie von frühster Kindheit an geübt. Und wie sehr hat sie ihren Vater geliebt. Vermutlich gerade *wegen* seiner Abwesenheit und seiner Zeitnot. Und auch das ist krankhaft.

Die Begegnungen zwischen den beiden sind so rar, ein paar Stunden gerade mal. Die Heftigkeit ihrer Gefühle und die Sehnsucht, die sie empfindet, entbehrt dabei jeglicher Grundlage. Und hier greift wohl ein uraltes Muster: Dieser Mann bot ihr die perfekte Projektionsfläche für ihre Träume und Wünsche. Aber jemanden bis zur Selbstaufgabe zu lieben, auch wenn derjenige nach kurzer Zeit zu verstehen gibt, kein Interesse mehr zu haben, dann zeigt sich darin ein gestörtes Beziehungsverhalten.

Diese beiden Prägungsmuster sind bei ihr vorhanden. An ihrem *Wesen* wird sie nichts ändern können. Aber sie kann daran arbeiten, ihr *Verhalten* in der Begegnung mit Männern zu ändern.

Wir alle brauchen Beziehungen. Der Mensch ist ein soziales Wesen und von anderen abhängig. Ich allerdings war süchtig nach einer bestimmten Form von Beziehung. So wie ein Säufer nach seinem Stoff. Ich war süchtig danach, aktiv in Beziehung zu gehen und diese zu gestalten. Auf diese Weise glaubte ich wohl, die Sache im Griff zu haben und unangenehmen Überraschungen aus dem Weg zu gehen. Vor allem aber glaubte ich, auf diese Weise geliebt zu werden.

Das ist eine große Stärke. Ich kann mich so gut in Menschen einfühlen, dass ich eigentlich mit jedem klar komme. Einfach, weil ich schnell in Verbindung gehe und intuitiv herausfinde, wie ich mit dem Menschen umgehen muss, damit er sich wohl fühlt in meiner Nähe. In meinem beruflichen Kontext war das mein großes Plus. Ich wusste genau, wie ich zu meinen Schülern, deren Eltern und meinen Kollegen in Beziehung treten musste, damit sie mir vertrauten und mich mochten.

Als mir dies klar wurde, sagte mir mein Therapeut: »Sie können das nicht ändern, Frau Merklin. Es war ihr Überlebenskonzept aus frühster Kindheit, und es ist ein gutes Überlebenskonzept. Darin steckt eine enorme Fähigkeit. Allerdings sollten Sie ihre Fähigkeit kennen und wissen, wann Sie sie einsetzen. Sie können sich nicht verändern, aber sie können aufhören zu saufen.«

Bei Männern war mein Verhalten schädlich für mich. Sie mussten sich nur zurücklehnen und sich von mir umspielen lassen. Wenn mich einer interessierte, dann brauchte er fast nichts zu tun, um mich zu erobern – und in diese Falle durfte ich nicht mehr tappen. Eine schwierige Aufgabe, für einen Willensmenschen, wie mich. Als ich begriff, dass ich mir selbst schade, wenn ich auf diese Weise in Beziehung trete, wenn ich immer glaube, mich anstrengen zu müssen, damit der andere mich lieben kann und ihm genau die Partnerin zu sein, die er sich wünscht, war ich finster entschlossen, mir einen »Saufentzug«, sprich Liebes- und Beziehungsentzug aufzuerlegen.

Zuerst begann ich mit Wolf. Ich umwarb ihn nicht mehr, war da und tat sonst nichts dafür, dass die Beziehung lief. Ich war nicht mehr taff, stark und fröhlich, sondern gab meiner Traurigkeit Raum, war schweigsam und zog mich zurück. Ich wartete einfach ab, dass er die Initiative ergriff und etwas unternahm. Mir war klar geworden, dass ich es mir wert war, und er sich anzustrengen hatte, sich für das zu interessieren, was ich gerade durchmachte und wo ich stand. Bisher hatte ich ihm immer alles erzählt. Nur eben nicht von meiner Traurigkeit. Aber er hatte sich da ja schon abgewandt, als mein Versuch, anders zu leben, noch gar nicht richtig begonnen hatte. Und so war es, als ob wir nicht mehr nebeneinander, sondern mit dem Rücken zueinanderstanden. Wir kamen nicht mehr in Kontakt. Das war zu Anfang merkwürdig, aber ich gewöhnte mich recht schnell daran.

Anstatt mit ihm sprach ich eben jetzt mit meinen Freunden. Glücklicherweise hatte ich einen treuen Freundeskreis. Sie fingen mich auf, hörten mir zu und gaben mir das Gefühl, dass es in Ordnung und wichtig für mich war, dieser Traurigkeit und Müdigkeit Raum zu geben und nicht mehr immer nur tapfer und stark zu sein.

Am schlimmsten war es, auf die körperliche Zuwendung zu verzichten, weil ich danach so sehr hungerte. Dieser Bereich zwischen Wolf und mir war sehr wichtig für mich. Er konnte von niemandem ersetzt werden. Ich bin nämlich ausgesprochen zärtlichkeits- und liebesbedürftig. Vor meiner Erkenntnis umwarb ich Wolf pausenlos. Indem ich zärtlich zu ihm war, ihn küsste und liebkoste. Und dann bekam ich das, was ich am Allermeisten brauchte: Zärtlichkeit, Liebe, Zuwendung und das Wichtigste: körperliche Intimität. Manchmal sagte ich ihm, dass ich mich nicht richtig begehrt fühlte und dass mir das fehlte.

Es mag sein, dass viele es altmodisch finden, aber ich glaube, es ist etwas dran, wenn mein Therapeut sagt, dass es in Paarbeziehungen immer wieder Probleme gibt, wenn die Frau vorwiegend den Mann umwirbt statt umgekehrt. »Dann besteht ein Verhältnis zwischen den beiden, wie zwischen Mutter und Sohn. Die Mutter rennt dauernd dem kleinen oder großen Jungen hinterher und zoppelt an ihm herum. Und der Junge geht automatisch in Rückzug und will eigentlich am liebsten in Ruhe gelassen werden. Die Frau fühlt sich nicht richtig begehrt und auf die Dauer schwindet die Libido. Und er fühlt sich dauernd an seine Mutter erinnert und das ist ein Lustkiller für den Mann. Und dann beginnt ein Teufelskreis.«

Der Mann muss jagen, das ist in seinen Genen. Das heißt nicht, dass ich keine Zeichen des Interesses senden kann. Daraus habe ich gelernt, dass ich von nun an Zurückhaltung übe und abwarte, bis ich sicher bin, dass der Mann wirklich will. Ich meine, mehr als nur mal kurz »naschen«, sondern wirklich in Beziehung gehen mit mir. So wie ich bin.

Beim Tanzen funktionierte es auch. Da war ich radikal. Ich forderte nie auf und es funktionierte sehr gut. Es fühlte sich gut an! Weil ich sicher war, dass der Mann Lust hatte, mit *mir* zu tanzen. Es gab kein Pflichtgefühl. Dann konnte ich den Raum, den er mir schenkte, voll einnehmen. Ansonsten machte ich mir Sorgen, dass ich vielleicht zu viel bin, zu intensiv oder Ähnliches.

Die Symbiose zu Wolf aufzulösen, war langwierig, hart und schwierig. Mich aus der emotionalen Abhängigkeit zu Ben zu befreien, kurz nachdem ich in sie geraten war, stellte sich allerdings fast als ebenso großes Problem heraus.

Im Märchen weint die junge Frau bitterlich, als sie am anderen Ufer angekommen ist. Ja, so war es auch in der Realität. Es wurde deutlich, dass Ben meine Träume doch nicht teilte, obwohl alles so hoffnungsvoll begonnen hatte. So litt ich über Wochen seelische Schmerzen, wie ich es noch nie vorher erlebt hatte. Da ich krankgeschrieben war, kaum Ablenkung hatte und mich außerdem in einem therapeutischen Prozess befand, konnte ich diesem seelischen Martyrium nicht ausweichen. Besonders deshalb, weil mir klar wurde, dass ich diesen Beziehungsentzug nur radikal machen konnte, sprich, möglichst gar keinen Kontakt mehr.

Ich hatte das Gefühl, mein Herz würde zerreißen. Soweit möglich bezwang ich den Drang, zum Telefon zu greifen und ihn anzurufen, ihm zu schreiben oder irgendetwas zu unternehmen, um ihn zu erreichen. Immer wieder wurde ich rückfällig, doch ganz langsam wurde ich stärker und konnte über längere Phasen widerstehen.

Bei zu viel Anziehung hilft eben nur Rückzug. Und ich war angezogen von diesem Mann wie die Motte vom Licht. Ich konnte einfach nichts machen. Wenn ich mein Muster durchbrechen wollte, konnte ich den Spieß nur umdrehen. Im Sinne der Selbstermächtigung: »Wenn die Situation so ist, dann ist es das, was du jetzt brauchst, um zu wachsen.«

In den folgenden Monaten wuchs ich über mich hinaus, wie davor in Jahren nicht. Es fühlte sich so an, als würde meine Persönlichkeitsstruktur einmal umgestülpt. Und das war das Anstrengendste, Schmerzhafteste und Zeitaufwendigste, was ich jemals vollbracht hatte.

In jeder Therapie geht es darum, verdrängte Gefühle aufzudecken, sie wahrzunehmen, ihnen dadurch eine Daseinsberechtigung zu geben und sie in die Gesamtpersönlichkeit als wichtigen Anteil zu integrieren. Ben diente offensichtlich als Projektionsfläche für lange und tief verdrängte Gefühle. Die Erklärung meines Therapeuten half mir, das zu verstehen: »Ihre biologischen und zivilisatorischen Muster passen offenbar perfekt zusammen. Das kann vorkommen. Dann ist die gegenseitige Anziehung oft sehr stark«.

Um diese Umstülpung zu schaffen, schrieb ich Ben fast jeden Tag einen Brief. Nur am Anfang schickte ich einige wenige davon ab. Es waren schöne Briefe. Keine Liebesbriefe im klassischen Sinne. Eher Briefe, über das, was mich gerade beschäftigte, und was ich in mir und um mich herum wahrnahm. Ich sprach also täglich mit ihm, ohne dass er es merkte. Es war eine Möglichkeit, ihm zu erzählen, was mich im Innersten bewegte. Ich habe die Briefe schließlich in einem Auflösungsritual verbrannt, als die Zeit dafür reif war.

Ein großes Problem stellte die sexuelle Sehnsucht dar. Er hatte mir sehr eindeutig zu verstehen gegeben, dass er mit mir schlafen wollte. Unmissverständlich zeigte er mir sein Begehren. Es gefiel mir, dass die Initiative so eindeutig von ihm ausging. So waren wir uns zwei Mal intim begegnet, aber für mich reichte es für Monate, um vor Verlangen fast »die Wände hochzugehen«. Jeder, der so etwas erleben muss, tut mir leid. Ich vermute, dass es viele Menschen gibt, die so etwas gar nicht kennen. Oder nur wenige sprechen darüber. Aber diejenigen, die eine körperliche Abhängigkeit von einem anderen Menschen durchmachen, haben mein uneingeschränktes Mitgefühl.

Mein Therapeut hat mir geholfen. Er verstand mich. Es tat mir so gut! »Sie können da nichts machen, Frau Merklin, entweder sie stalken ihn oder sie üben weiter und trainieren den Zurückhalter«, war seine Antwort, als ich ihm mein Leid klagte. Das war neun Wochen, nachdem ich Ben das letzte Mal gesehen hatte. Nach neun Wochen des selbstauferlegten Kontaktverbotes hatte ich immer noch das Gefühl, dass er neben mir stand.

In einer Sitzung hatte ich meinem Therapeuten davon erzählt, dass Ben und ich miteinander geschlafen hatten. Er stieß darauf, wie ein Skorpion auf seine Beute. »Was hat an dieser Begegnung nicht gestimmt?«, wollte er wissen, »war da möglicherweise ein Übergriff?« Ich war empört und fand es frech von ihm, das zu behaupten. Aber dann dämmerte mir, dass ich mir selbst gegenüber übergriffig gewesen war. Ich hatte mir gewünscht, dass wir uns wirklich Zeit füreinander nehmen, wenn wir uns das erste Mal nahe kommen.

Ben hatte die Idee, sich außerhalb des Fortbildungskontextes mit mir zu treffen und Zeit zu verbringen. Es wäre die Erfüllung meiner tiefsten Wünsche gewesen. Diese Aussicht war wie ein Rettungsring, währenddessen ich fast ertrank. Dazu war es jedoch nicht gekommen. So schliefen wir eben im Rahmen des zweiten Führungsseminares miteinander. Meine emotionale Ausnahmesituation brachte mich zu dieser Handlung.

Als es dazu kam, war ich verkrampft, weil für mich vollkommen unklar war, was er von mir wollte – einfach nur Sex, eine kleine Affäre oder mehr? Für mich ging es jedenfalls um mehr. Ganz klar. Ich war seit Jahren zum ersten Mal richtig verliebt, und dieser Mann erfüllte vermeintlich alles, was ich mir lange insgeheim gewünscht hatte. Ich wollte also nichts falsch machen, gleichzeitig nichts verpassen und traute mich somit nicht, wirklich für mich einzustehen und dafür zu sorgen, dass es eine rundum erfüllende Begegnung wurde.

Großartig dieser Therapeut. Darauf muss man also erst einmal kommen. »Bingo!«, sagte er, »sie haben es. Es kommt sehr häufig bei Frauen mit ihren Erlebnissen vor, dass sie sich auf sexuellem Gebiet Dinge untersagen, die sie eigentlich gerne tun möchten. Schreiben sie die Geschichte neu.«

Das tat ich also. Es war eine unglaubliche Erfahrung, diese Begegnung neu zu schreiben und alles so zu formulieren, wie ich es mir gewünscht hatte: Durch diese Hausaufgabe fand ich heraus, dass es mir Freude machte, erotische Szenen zu schreiben. Es war dann so, als hätte ich das, was ich da schrieb, wirklich mit ihm erlebt. Dann konnte ich den Wunsch nach Intimität loslassen.

Weil ich mir nichts sehnlicher wünschte, als wieder mit einem Mann zusammen zu leben, nutzte ich auch weiterhin die Gelegenheit des Schreibens, um die neue Art in Beziehung zu treten, zu üben. Wie hatte Dr. Hemmerich gesagt als ich ihm den Brief, den ich Ben geschickt hatte, zeigte: »Frau Merklin, Sie sind ja ein Tsunami. Der arme Mann, wie soll der denn damit umgehen? Sie müssen sich zurückhalten. Es gibt immer einen, der mehr will. Einen, der aufgrund von Verlustängsten viel zu viel Wind macht. Meist trifft so jemand auf einen anderen, der Bindungsängste hat. Und der zieht sich dann zurück. Sie müssen raus gehen und ihn kommen lassen, wenn er das will. Sonst geht es gar nicht. Das endet in einem einzigen Desaster.«

Ich brauchte viele Monate, um zu verstehen, und werde nun für den Rest meines Lebens, »die Kunst der kleinen Schritte« üben. Vor allem begriff ich, dass ich vom ersten Moment der Begegnung an zu mir stehen muss.

Zusätzlich begann ich, Zukunftsszenarien zu schreiben. Wenn ich etwas erleben möchte und es nicht aufschreibe, drehe ich mich im Kreis. Das ist meine Erfahrung. Wenn ich es hingegen zu Papier bringe, geht es nach außen und fühlt sich so an, als ob ich es in der Realität erlebt hätte. Der Geist darf eine neue Szene entwerfen. Dadurch kam ich raus aus dem »Hamsterrad« und tatsächlich veränderte sich die innere Haltung zu meinem Gegenüber. Ich stellte fest, dass es mir auf diese Weise gelungen ist, die Beziehung zu Ben, die ja im Wesentlichen in meinem Innern stattfand, aufzuarbeiten und zu verändern, ohne, dass ich ihn dafür brauchte. Und vor allem konnte ich mich dabei selbst entdecken. Und so war ich nach vielen Monaten harter Arbeit an dem Punkt angekommen, dass ich mich ernsthaft begann zu fragen, ob ich überhaupt noch mit Ben zusammen sein wollte, wenn er denn plötzlich von einer Eingebung getrieben, vor mir stehen würde.

Als wir uns wiedersahen, tat ich nichts. Es war schrecklich, aber ich zog es durch. Ich war da, schaute ihm sehnsuchtsvoll in die Augen und unternahm nichts, um in Kontakt zu kommen. Er tat auch nicht viel. Aber er tat etwas Entscheidendes: Er umarmte, küsste und liebkoste mich. Nicht nur einmal aus Versehen, sondern mehrmals. Tja, die Anziehung war wohl stärker als er. Ich war verwirrt, weil es widersprüchlich war. Er hatte mir gesagt, mehr als Freundschaft sei nicht drin und dann das? Ich wusste nun, dass auch er berührt war von unserer Begegnung.

Mich hatte die Begegnung mit Ben äußerst ergriffen. Mit jeder Faser meines Wesens war ich involviert. Und so blieb mir nichts anderes übrig, als mich genauso radikal zu lösen. Ich musste mich selbst erlösen so wie aus der emotionalen Abhängigkeit von Wolf und meiner Mutter auch. Sich selbst zu befreien, von was auch immer, bedeutet an *Macht* zu gewinnen. Macht über sich selbst und das eigene Leben. Und so möchte ich mich diesem zentralen Thema nun ausführlicher widmen.

Selbstermächtigung. Ein Werkzeugkasten

Der Begriff der Selbstermächtigung ist in unserer Gesellschaft wenig bekannt. »Ist das was Politisches?«, wurde ich mal gefragt, als ich den Begriff in einem Gespräch anbrachte. Eher kennen wir die englische Version: *Empowerment*.

Ich mag den deutschen Begriff. Auf Grund der weltgeschichtlichen Ereignisse des 20. Jahrhunderts ist der Machtbegriff in vielerlei Hinsicht negativ belegt. Und das verständlicherweise. Dennoch glaube ich, dass Macht etwas Wichtiges ist. Dabei kommt es allerdings auf die Unterscheidung an zwischen schädigender Macht und Macht, die für das Individuum und damit für die Gemeinschaft förderlich ist.

Ein Mensch, der sich machtlos, ohnmächtig und ausgeliefert fühlt, ist sich seiner Ressourcen nicht bewusst. Ihm fehlt das Gefühl, wirksam sein und auf seine jeweilige Situation Einfluss nehmen zu können. Ihm fehlt das Vertrauen in sich und seine Möglichkeiten, etwas an seiner Lage zu verändern. Er fühlt sich als Opfer. Sich ausgeliefert und ohnmächtig zu fühlen, ist wohl für alle Wesen mit das Schlimmste, was ihnen passieren kann.

Das deutsche Wort beinhaltet, dass es einen Weg aus der Ohnmacht und aus der Opferhaltung gibt. Ich überwinde meine Ohnmacht und ermächtige mich selbst, ohne, dass jemand mir dabei hilft oder mir sagt, wie es geht. Ich gehe meinen Weg mit meinen eigenen Ressourcen und Möglichkeiten und ich vertraue darauf, dass mir als Mensch alles zur Verfügung steht, um dies zu schaffen. Ganz bewusst setze ich darauf, dass es einen tatsächlichen Weg aus meinem Dilemma gibt und dass ich ihn finden werde.

Es ist ein eindeutiger Begriff. Er sagt: Übernimm die volle Verantwortung für deine Situation! Es gibt keinen Schuldigen. Weder deine Eltern noch deine Lebensumstände noch die gesellschaftliche oder weltliche Situation sind verantwortlich dafür, dass es dir so ergeht, wie es dir ergeht. Es gibt nur einen einzigen Menschen auf dieser Welt, der etwas an deiner Situation verändern kann. Das bist du!

Möglicherweise ist das Einzige, was du verändern kannst, deine *Haltung*, die du zu alldem einnimmst. Diese Entscheidung allerdings, deine Haltung zu verändern, ist so radikal, dass alles anders werden wird. Es ist ein schwerer Weg. Doch die Mühe lohnt sich. Du wirst dich danach freier, unabhängiger, selbstbestimmter und wirksamer fühlen als zuvor. Alles Attribute, die einen Menschen beschreiben, der Macht hat. Die Macht über mich selbst steht dabei im Vordergrund. Ich bin nicht mehr Opfer und Spielball meiner Muster und Prägungen, sondern werde zum voll verantwortlichen Entscheider.

Selbstermächtigung, wie ich sie verstehe, heißt, dass ich in der Lage bin, jede Lebenssituation, wie schwierig sie auch sein mag, mit Interesse und Begeisterung für das Leben zu meistern. Ich nehme an, was das Leben mir bringt, um daran zu wachsen und es nicht mehr länger zu erleiden. Das bedeutet nicht, dass ich nicht auch leiden werden. Allerdings kann ich entweder aktiv oder passiv leiden, und das ist nach meiner Erfahrung ein großer Unterschied. Wenn ich aktiv leide, erlebe ich die Situation noch immer produktiv und habe sie im Griff. Dann bin ich entscheidungsfähig und weiß in jedem Moment, was ich lerne und was gerade gut ist an der Situation, auch wenn sie mich fordert, wenn es wehtut und schweißtreibend ist. Das ist dann weniger Leid, sondern eher vergleichbar mit einem anstrengenden Training im Sport. Mittlerweile kann ich meinen Lebensweg und meine Erkrankung als Geschenk sehen. Als Geschenk, das mich täglich zum Wachstum einlädt.

Im Folgenden biete ich spezifische *Werkzeuge* an, mit denen es mir gelungen ist, meinen Selbstwert langsam, aber sicher zu steigern, und damit meiner selbst »mächtig« zu werden. Durch sie schaffte ich es, emotional unabhängiger und freier zu werden und meinem Leben Bedeutung zu geben, auch ohne eine Arbeitsstelle zu haben oder im Außen wirksam zu sein. Mit diesen Werkzeugen ist es mir geglückt herauszufinden, welche Ressourcen und Potentiale ich habe, egal was äußerlich geschieht. Egal, ob ich invalide werde oder nicht. Durch den gesteigerten Selbstwert fühle ich mich heute souveräner und mit mir selbst verbunden.

Natürlich tun mir Lob und Anerkennung noch immer gut. Mein Selbstbewusstsein wächst dadurch. Jedoch brauche ich sie nicht mehr, um mich sicher und wertvoll zu fühlen. Meine Beziehungen, egal welche, bedeuten mir nach wie vor viel und süchtig nach Beziehung werde ich immer bleiben, aber ich weiß heute, dass ich mich nicht mehr anstrengen muss, damit sie weiter bestehen. Die Menschen, die mit mir verbunden sind, wollen dies von sich aus. Ich brauche keine Angst davor zu haben, sie zu verlieren, wenn ich mich weniger anstrenge, weniger großartig bin, weniger leiste und wenn ich erzähle, wie es mir wirklich geht. Im Gegenteil. Ich sehe diesen Werkzeugteil als Inspirationsquelle. Vielleicht kann ich dazu anregen, etwas davon auszuprobieren.

Mein Weg in die Selbstermächtigung erinnert mich manchmal an »Wachstumsschmerzen«. Er war und ist großartig, gleichzeitig jedoch auch gefährlich. Gefährlich deshalb, weil ich plötzlich begann, Dinge auf neue oder andere Weise zu tun als bisher. Das führte mitunter zu kleineren oder größeren Irritationen in meinem Umfeld. Auch lernte ich mich auf neue Weise kennen und entdeckte ziemlich verrückte Seiten an mir. Nicht alle diese Verrücktheiten lebte ich tatsächlich aus. Allerdings war ich überrascht, um nicht zu sagen schockiert davon, zu welchen verrückten Gedankenspielen ich tatsächlich in der Lage war. Und manche »Verrücktheit« habe ich auch in die Tat umgesetzt.

Zum Glück lernte ich einen vielfältigen Strauß an Werkzeugen kennen, die mir neben meinen täglichen Übungen halfen, mein Verhältnis zu mir selbst und zu meiner Umwelt langsam zu verändern. Das Gefühl, das entstand, Macht über mich selbst zu haben, war für mich ausgesprochen lustvoll. Manchmal war das neue Handeln so anstrengend, dass ich an meine Grenzen stieß. Bis heute geht es darum, *etwas zu lassen*, das ich gewohnheitsmäßig tun würde, oder umgekehrt, mich zu trauen, *etwas zu tun*, was ich gewohnheitsmäßig lassen würde. Wenn ich es schaffe, auf gewohnte Handlungen oder Reaktionen zu verzichten und ich dann den Freiheitsmoment erlebe, es nicht mehr tun zu *müssen*, ist die Freude so groß, dass ich jedes Mal gleich Lust auf die nächste Situation bekomme, in der ich es erneut versuchen kann. Mit der Zeit bemerkte ich, wie ich eine spielerische Leichtigkeit in meinem alltäglichen Handeln gewann und immer wieder kleine Variationen ausprobierte. Das tägliche Leben mit seinen Routinen wurde zu einer einzigen spannenden Entdeckungsreise.

Auf den folgenden Seiten stelle ich meine *Werkzeuge der Selbstermächtigung* vor. Wer mehr am Fortgang meiner persönlichen Geschichte interessiert ist, kann zum letzten Kapitel mit dem Titel »Stirb und wachse« auf Seite 151 weiterblättern. Der Erzählfluss bleibt auch ohne die folgenden Informationen erhalten.

Energie schöpfen

Neben meiner täglichen Meditation sind die *Basis-Energie-Übungen*, zusammengestellt von Dr. Fritz Helmut Hemmerich, seiner Frau und seiner Tochter, die zweite Säule, auf der meine Selbstermächtigung fußt. Das Programm ist als E-Book erhältlich, weitere Angaben finden sich im Quellenverzeichnis.

Der anhaltende körperliche und mentale Stress führte zu einem zunehmenden Verlust an Lebensenergie. Alles wurde mühsamer. Schon die kleinsten Tätigkeiten fühlten sich an wie riesige Berge. Es gelang mir nicht mehr, zwischen wichtigen und unwichtigen Aufgaben zu unterscheiden. Immer mehr entstand in mir das Gefühl, dass ich »das alles« nicht mehr schaffen konnte und dass die nächste Katastrophe vor der Tür steht. Massive Kontrollverlustängste machten sich breit. Dr. Hemmerich stellt diese Dynamik in seinem Buch über Burnout nachvollziehbar anhand der sogenannten Burnout-Spirale dar.

Lange habe ich diesem Energieverlust durch autosuggestive Gedanken getrotzt, bis es nicht mehr half, da die Gefühle aus meinem Körper einfach aufstiegen. Der menschliche Körper speichert nämlich alle erlebten Stressoren zunächst im Verborgenen, so Dr. Hemmerich, ehe das Bewusstsein diesen irgendwann nicht mehr standhält, der Speicher also »überläuft«.

Bei mir hatte es viele Monate gedauert, bis ich verlässlich und nachhaltig spürte, dass meine Energie zum Leben aus meinem *Körper* und nicht aus meinen guten Gedanken entsteht. In den Monaten gewöhnte ich mich an einen Übungskanon, der sich zusammensetzt aus Yoga-Übungen, Übungen aus der Trauma-Therapie sowie anthroposophischen Übungen, und den ich jeden Morgen nach dem Aufstehen praktiziere. Es gab dabei auch Tage, an denen ich um vier Uhr aufstand, um sie noch alle durchführen zu können, bevor ich um sechs Uhr das Haus verließ.

Ziel der Übungen ist es, die stressbedingten vielfältigen, winzig kleinen »Verkrampfungen«, die in den Körperstrukturen über viele Jahre entstanden sind, langsam aufzulösen und den freien Fluss der Lebenskräfte neu zu ermöglichen. Die regelmäßigen Übungen schenken mir einen großen Gewinn an körperlicher und seelischer Stabilität. Besonders in der Begegnung mit anderen Menschen kommen sie mir zugute. Selbst wenn mir jemand gegenübersitzt, der mich ob seiner körperlichen oder mentalen Präsenz beeindruckt, habe ich keine Angst mehr, sondern fühle mich der Begegnung gewachsen.

Ich glaube, dass das Geheimnis ihrer Wirkung einerseits in ihrer Zusammenstellung und Reihenfolge zu finden ist. Andererseits ist es so, dass die Tiefenmuskulatur sehr gestärkt wird, während die oberen Muskelschichten gelockert werden. Dadurch tritt eine Stärkung der Haltemuskulatur ein und gleichzeitig eine Entspannung der übrigen Muskelschichten.

Neben den Bewegungsübungen zählen auch Atemübungen dazu. Über die Bedeutung der Atmung habe ich im Abschnitt über die Meditation schon geschrieben. Bei diesen Übungen wird die Atmung speziell trainiert. Ein wichtiges Ziel ist es, den Körper zum Zittern zu bringen. Mein Therapeut hatte mir erklärt: »Freilebende Tiere beginnen zu zittern, wenn sie eine stressige Situation, also eine Situation, in der sie in Gefahr geraten sind, überlebt haben. Sie zittern die Anspannung wieder raus und bringen ihren Körper so auf ein normales Anspannungsniveau. Wir Menschen und auch domestizierte Tiere können das so nicht mehr. Nur in seltenen Ausnahmesituationen, wenn wir einen schweren Unfall hatten oder Ähnliches.« Weiter erklärte er mir: »Wenn jemand allerdings dauerhaft in großer Anspannung lebt oder viele traumatische Erlebnisse hatte, kommt der Körper irgendwann an seine Leistungsgrenze. Er kommt aus der Alarmbereitschaft gar nicht mehr heraus. Er reagiert dann mit seelischen oder körperlichen Stresssymptomen. Schlimmstenfalls wird er krank.«

Diese Übungen haben also zum Ziel, den Körper langsam, aber sicher wieder auf ein gesundes Anspannungsniveau zu bringen. Ihn sozusagen zurückzuführen und ihm damit die Möglichkeit zu geben, zwischen Gefahrensituation und Alltagssituation zu unterscheiden. Unser Alltag ist durch sein hohes Tempo, durch seine Reizüberflutung und die vielen anderen, uns ständig unter Stress setzende Faktoren, für den Körper so alarmierend, dass nicht nur traumatisierte Menschen an ihre Grenze kommen.

Die Wirkung zeigt sich sowohl in einer größeren körperlichen Entspanntheit und gleichzeitigen Fitness als auch in einer spürbaren emotionalen Ausgeglichenheit. Der Kontakt mit Mitmenschen wird einfacher und lockerer. Auch wenn es dann mal zwischenmenschlich spannungsvoller wird, fährt der Körper viel schneller wieder runter. Ich habe festgestellt, dass mir einzelne Situationen deutlich weniger nachhängen als zuvor. Über lange Jahre habe ich klassisches Hatha Yoga praktiziert, tue das heute noch und möchte es auf keinen Fall missen. Mein Energieniveau steigerte sich dadurch ebenfalls spürbar. Die Wirkung der Basis-Energie-Übungen erlebe ich aber als außergewöhnlich. Sie sind auch leichter zu praktizieren als die klassischen Yogastellungen.

Maltagebuch

Ein weiterer Baustein auf meinem Weg der Selbstermächtigung war mein Maltagebuch. Kunsttherapie wird in vielen Kontexten angeboten. Ich bin bestimmt keine Hochbegabung, was das Malen betrifft. Aber darum ging es auch nicht. Ich wusste aus meinen Aufenthalten in der Schmerzklinik, dass es mir gut tut, sich mit Farben zu beschäftigen und einfach zu malen, was gerade so kommt. Also besorgte ich mir einen kleinen Kasten mit Wachsmalkreiden und einen DIN-A3-Block und begann zu malen. Über lange Zeit entstand fast jeden Tag im Anschluss an meine Meditation ein Bild aus freien Formen und Farben. Mittlerweile sind so weit über 200 Bilder entstanden. Spannend daran ist nicht das einzelne Bild. Spannend ist es, diese Bilder in ihrer Folge zu betrachten. Keines gleicht dem anderen.

Auf der Rückseite der Bilder notierte ich Gedanken, die mich an dem jeweiligen Tag beschäftigten. Oft ist es, dass Sprünge in den Bildern mit gedanklichen Aspekten einhergingen, die mich auf eine neue Bewusstseinsebene führten, in denen sich ein neuer Grad an innerer Freiheit spiegelte. Selbstermächtigung heißt für mich, meine produktiven Kräfte zu aktivieren. Jede künstlerische oder kreative Tätigkeit ist in meinen Augen dafür geeignet.

Ich war lange gehemmt, was das Malen betrifft. Durch diese täglichen Übungen bin ich viel freier geworden. Hinzu kommt, dass mir dieser Weg mit mir selbst ins Gespräch zu kommen, sehr gefällt; einerseits meine Gedanken aufzuschreiben und andererseits auch zu malen, was sich, ohne darüber nachzudenken, von selbst zeigt. Ich habe festgestellt, dass ich auf diese intuitive Produktivität meines Geistes auch in anderen Situationen vertrauen kann. Mir fällt eigentlich immer etwas ein. Je mehr ich es übe, diese Kanäle »offen« zu halten, desto mehr.

Die Stimme erheben

In Zeiten meiner großen Verunsicherung, als es mir wirklich schlecht ging und alles sehr dunkel war, fühlte ich mich beim Sprechen oft unwohl. Ich kenne diese Grundunsicherheit gut, obwohl mein Umfeld mir immer spiegelte, wie souverän ich wirkte. Außenbild und Innenwahrnehmung eines Menschen können offensichtlich sehr weit auseinander liegen.

Ich entdeckte, dass ein wirksamer Weg, um im Gespräch an Sicherheit zu gewinnen, Selbstgespräche sein können. Dinge, die mir im Kopf herum gehen, spreche ich zum Beispiel in mein Smartphone und höre sie mir anschließend an. Oder ich spreche Gespräche, die auf mich zukommen, ein paar Mal vorher ein und höre mir dann selbst zu. Mein erstes Gespräch beim Arbeitsamt bereitete ich auf diese Weise vor. Denn vor diesem Gespräch grauste es mich schon, da war von Arbeitslosigkeit noch gar nicht die Rede.

Die Idee dazu hatte ich, weil ich Gedichte, die ich für meinen Unterricht auswendig gelernt hatte, in mein Smartphone sprach, um mir die Gestaltung des Textes anzuhören, so als würde ich sie vor einem Publikum oder meinen Schülern vortragen. Auf diese Weise konnte ich mir zu meiner Sprechweise des Gedichtes selbst ein Feedback geben. Gedichte auswendig zu lernen und auf meine ganz eigene Weise zu sprechen, das kannte ich noch aus Zeiten meines Studiums. Ich wusste, dass es eine angenehme, aufweckende Wirkung auf mich hatte und mir die Inhalte eine schöne innere Begleitung in meinem Alltag waren. Nach diesen Übungen fühlte ich mich immer sehr gut in mir verankert.

Der Effekt meiner aufgenommenen Selbstgespräche war, dass ich mich mit meiner Art zu sprechen verbinden konnte, weil ich mich von außen hörte. Durch diese regelmäßigen Übungen ist meine Stimme voller geworden, vermutlich weil ich lockerer wurde beim Sprechen. Ich fühlte mich wohler und wohler und fand meine Stimme zunehmend angenehm. Ich höre mir heute gern zu.

»Ich brauche jemanden, der mir einfach mal zuhört.« Diesen Wunsch kennen bestimmt viele Menschen. Mir ist aufgefallen, dass es befriedigend und heilsam sein kann, sich selbst zuzuhören. Mit der gleichen zugewandten Aufmerksamkeit, wie ich sie mir von meinem Zuhörer wünschen würde. Ich kann vieles loswerden, einfach dadurch, dass ich es *mir selbst* erzähle, gerade Ärger oder Dinge, die mich belasten.

Die Stimme eines Menschen ist etwas sehr Individuelles und ganz Ausdruck seiner Persönlichkeit. Mich mit *meiner* Art zu sprechen zu verbinden und ein positives Verhältnis zu *meiner* Stimme zu entwickeln, hat mein Selbstwert enorm wachsen lassen. »Die Stimme erheben«, »Mit starker Stimme sprechen«, »Dieser Mensch hat eine starke Stimme« - sich über die Macht der eigenen Stimme bewusst zu werden, ist meiner Ansicht nach ein wichtiger Schritt in die emotionale Unabhängigkeit. Wenn ich mich auf meine Stimme verlassen kann, wage ich zu sagen, was ich denke, was ich brauche oder was ich will.

Die Geschichte überschreiben

Ich liebe diese Methode! Auch sie hat mir geholfen, mein produktives Potential neu zu entdecken. Es geht an dieser Stelle nicht um literarisches, sondern eher um kreatives Schreiben.

Wenn ich eine Geschichte, die mir widerfahren ist und die mir Leid und Schmerz bereitet hat, neu schreibe, kann etwas heilen. Ich überschreibe eine schmerzliche Erfahrung der Vergangenheit. Ich schreibe die Geschichte so, wie ich sie gerne erlebt hätte, wenn ich in der Lage gewesen wäre, mit dem, was mir begegnet ist, entsprechend umzugehen. Und damit übe ich sozusagen auf dem Papier eine neue Verhaltensweise für die Zukunft ein.

Allerdings konnte ich erst neu schreiben, als ich mein Verhaltensmuster tiefgreifend durchschaut hatte. Dann konnte ich versuchen, mich an den entscheidenden Stellen anders zu verhalten. Wenn auch vorerst nur auf dem Papier.

In diesem Fall entschied ich mich, die Geschichte von Ben und mir aus der Perspektive meines Gegenübers neu zu schreiben, um gleich auch noch den Perspektivwechsel zu üben. Auch eine schöne Methode, um im Miteinander weiterzukommen. Ich gab mir einen neuen Namen, weil es mir dabei half, diese neue Verhaltensweise als etwas Zukünftiges zu erleben, was im Werden ist.

Der Zauber des Anfangs

Ben erzählt: Ich bin Anouk während einer Fortbildung zum Thema Führung von Gruppen und Teams begegnet. Von Beginn an gefiel mir ihr zierliches, knabenhaftes Erscheinungsbild. Eigentlich mag ich langes Haar bei Frauen, aber ihr dunkelblondes, kurz geschnittenes und verstrubbeltes Haar hatte es mir sofort angetan. Der Blick ihrer grünen Mandelaugen gefiel mir ebenfalls. Es lag Schalk in ihnen und gleichzeitig eine gewisse Tiefgründigkeit, die mich neugierig machte. Und ich mochte ihre Stimme. Ich kann sie schwer beschreiben, aber ich hörte sie einfach gerne reden.

In einem unserer ersten Gespräche erzählte sie, dass sie viel hinter sich hatte, weil sie an einer schweren Erkrankung leidet. Ich war beeindruckt. Nicht nur von ihrer Erzählung, sondern auch von der Offenheit, mit der Anouk von ihren Erlebnissen berichtete. Besonders erstaunte mich, dass sie so positiv gestimmt war, obwohl das, was sie da erzählte, wirklich ziemlich hart klang. Irgendetwas berührte mich an dieser Begegnung. Irgendetwas war anders an ihr und ich wollte gerne herausfinden, was das war ...

Zum Glück konnte ich vom ersten Moment an fühlen, dass die Sympathie beidseitig war. Es war alles so warm und natürlich zwischen uns. So als würden wir uns schon ewig kennen. Es gab nichts zwischen uns, was mich abstieß. Sofort war da nur eine tiefe Zuneigung. So richtig erklären konnte ich mir das nicht. Aber warum auch? Ich wollte es nur genießen, denn so etwas war mir schon länger nicht mehr passiert. Ich war zu dem Zeitpunkt liiert und nicht auf der Suche nach einer neuen Partnerin. Anouk war erklärtermaßen offen für eine neue Partnerschaft.

Als sich herausstellte, dass wir beruflich einige Schnittmengen hatten, war ich ziemlich begeistert. »Ben, ich glaube, du solltest versuchen, diese Frau näher kennen zu lernen«, sagte mir meine innere Stimme. Das ist normalerweise nicht meine Art. Auch war ich zufrieden mit meiner Beziehung, die noch frisch war, aber irgendetwas trieb mich an, hier alle Regeln über Bord zu werfen.

Am zweiten Vormittag kam es zu einer interessanten Übung. Die Trainer gaben uns Teilnehmern den Auftrag, zu zweit zusammen zu gehen. Wir brauchten beide nicht lange zu überlegen. Natürlich wollten wir diese Übung zusammen machen! Unser Auftrag war es, uns gegenseitig auf verschiedene Arten zu führen und dann über die Wirkung auf den anderen zu sprechen. Wir haben diese Einheit beide sehr genossen. Irgendwie waren wir sofort im Flow miteinander. Wie gesagt sollten wir unterschiedliche Varianten des Führens ausprobieren. Mit und ohne Körperkontakt. Blind und sehend und so weiter. Ich gebe zu, die Varianten mit Körperkontakt waren mir die liebsten. Ich weiß auch nicht warum, aber ich hatte die ganze Zeit Lust, Anouk anzufassen.

Nach drei Tagen war der Workshop vorbei.

Es war ein schöner Augenblick, als wir uns verabschiedet haben. Wir haben uns etwas länger tief in die Augen geschaut, bevor wir uns umarmten. Ich glaube es war dieser Moment, in dem für uns beide klar wurde, was Sache war, und dass es uns ziemlich unerwartet erwischt hatte, wie man so schön sagt. Zum Glück haben wir noch Handynummern getauscht, sodass wir in Kontakt bleiben konnten.

Bis zum nächsten Block ist nicht viel passiert. Einmal haben wir uns für eine Stunde in Berlin getroffen, um spazieren zu gehen, als ich der Arbeit wegen in der Stadt war. Ab und an kleine Nachrichten oder Ähnliches. Ansonsten sind wir einfach unseren gewohnten Verrichtungen nachgegangen. Wenn ich an sie gedacht habe, was öfter mal vorkam, war da immer dieses Gefühl von Wärme und Freude, dass ich ihr begegnet war. Das habe ich sehr genossen.

Dann näherte sich der Tag des zweiten Teils der Fortbildung. Anouk schrieb mir, ob ich sie ein Stück zum Seminarort mitnehmen könne, dann würde sie sich das Mietauto sparen. Ich war sofort angetan von dieser Idee. Auf dieser Autofahrt haben wir über alles Mögliche geredet.

Oder besser gesagt, Anouk hat geredet. Ich diskutiere gerne über inhaltliche Themen, aber lange Monologe, das ist nicht so meine Sache. Irgendwie mochte ich es, ihr zuzuhören. Sie hat offensichtlich immer viel zu erzählen. Manchmal nervt es mich, wenn jemand viel redet, aber Anouk fand ich irgendwie süß in ihrem Erzählfluss. Scheinbar fühlte sie sich wohl bei mir, denn sonst würde sie mir wohl kaum so persönliche Dinge erzählen, wie sie es tat. In der Gruppe habe ich sie zwar nicht als schweigsam erlebt, aber da redete sie viel weniger als im direkten Kontakt. Schön, dass wir auch die Rückfahrt zusammen hatten!

Der zweite Block des Seminares war sehr lehrreich. Besonders begeisterte mich allerdings die Arbeit mit den Pferden. Im ersten Block war ich noch nicht ganz so überzeugt davon. Jetzt im zweiten Block kam die ganze Sache wirklich in Schwung. Auch hier gab es wieder Einheiten zu zweit. Einmal hatten Anouk und ich eine Aufgabe zusammen. Es hat viel Spaß gemacht mit ihr. Mich beeindruckten die Energie und der Mut, den diese kleine Person an den Tag legte, wenn so ein riesiges Tier auf sie zu gerannt kam. Sie wich keinen Schritt zur Seite. Woher sie das wohl hat? Ich gebe zu, es war mir ein bisschen unheimlich, aber im Wesentlichen hat es mich begeistert, sie so zu sehen!

Einmal ist etwas schief gegangen, und wir haben es überhaupt nicht geschafft, unser Pferd so zu führen, wie es die Aufgabe war. Anstatt sich zu ärgern, hat sie angefangen zu lachen, und ist mir um den Hals gefallen. Ich musste mich in dem Moment am Riemen reißen, um sie nicht einfach und vor allen anderen zu küssen. Überhaupt war das die größte Herausforderung in diesem zweiten Block. Ich hätte sie so unglaublich gerne geküsst. Aber das hätte sie bestimmt verwirrt und das wollte ich auf keinen Fall!

Auf der Rückfahrt habe ich dann einen Vorstoß gewagt und sie gefragt, ob wir noch etwas zusammen essen gehen wollen. Sie war sofort Feuer und Flamme. Das mag ich an ihr. Sie kann sich wirklich begeistern scheint es. Fast wie ein Kind. Überhaupt erscheint sie mir manchmal wie ein Kind.

»Was isst du denn gerne?«, fragte ich sie.

»Eigentlich alles«, war ihre Antwort, »aber wenn du so fragst, ich war lange nicht mehr beim Afrikaner, was hältst du davon?«

»Ich war bisher nur selten afrikanisch essen, klingt spannend, willst du mal googeln?«

Sie hat sofort ihr Smartphone gezückt und uns den nächsten Afrikaner gesucht, angerufen und einen Tisch reserviert. Ziemlich viel Initiative für so ein kleines Persönchen.

Das Lokal war stilvoll und gleichzeitig authentisch eingerichtet, uns wurde ein Tisch in einer Nische etwas abseits zugewiesen. Ich glaube das hat uns beiden gefallen, weil es eine gewisse Intimität zugelassen hat.

»Sag mal, warum hast du dich eigentlich von deinem Mann getrennt?«, fragte ich sie direkt, nachdem wir es uns bequem gemacht hatten. Offensichtlich habe ich sie mit dieser Frage etwas überrascht, denn sie wirkte kurz irritiert. Eine Reaktion, die ich bisher an ihr noch nicht wahrgenommen hatte. »Dich interessiert, wie es dazu gekommen ist?«

»Ja, sehr.«

»Hm, es gibt verschiedene Gründe.« Sie machte eine Pause und überlegte wohl, wo sie anfangen sollte. Schließlich sagte sie: »Weißt du ich habe einen ziemlich großen Veränderungsprozess hinter mir. Mein Mann und ich, wir sind altersmäßig weit auseinander. Früher war das kaum ein Thema zwischen uns, aber jetzt ist das doch relevant geworden.« Sie schwieg, bevor sie weitersprach: »Es hat aber vor allem damit zu tun, dass mir bewusst geworden ist, dass ich mir in einer wichtigen Fragestellung etwas vorgemacht habe. Wir hätten ein paar entscheidende Dinge verändern müssen. Das ist ziemlich herausfordernd und nicht einfach, wenn man lange zusammen ist.« Wieder machte sie eine kurze Pause und dachte nach. »Es sei denn, der Partner ist bereit, sich auf so einen Prozess voll einzulassen. Das war in unserem Fall aber nicht drin.« Sie sprach eine Weile nicht und sagte dann: »Kennst du auch, oder?«

»Na ja«, gab ich daraufhin zurück, »ich finde dieses ganze Beziehungsthema nicht einfach. Seit meiner Ehe hatte ich verschiedene Freundinnen, aber mit keiner hat es so lange gehalten, dass mehr daraus geworden ist. Mit meiner jetzigen Beziehung bin ich zufrieden. Ich würde sagen, es ist die toleranteste Beziehung, die ich bisher hatte...«

Wir schwiegen nun beide eine Weile. In Anouks Augen war so etwas Zweifelndes, Fragendes, das mich etwas nervös gemacht hat. Zum Glück nur für einen kurzen Moment.

»Ihr wohnt aber nicht zusammen, das habe ich doch richtig verstanden, oder?«, fragte sie schließlich.

»Genau. Sie lebt in einer anderen Stadt.«

»Verstehe«, sagte sie daraufhin etwas nachdenklich, »eine tolerante Beziehung auf Abstand. Sehe ich das richtig?«

»Ja, so könnte man das beschreiben.«

»So eine Art von Beziehung habe ich bisher noch nicht gehabt. Keine Ahnung, ob ich mich auf so was einlassen könnte. Mir wäre das zu anstrengend. Für mich klingt das nach: Jeder macht sein Ding und ab und zu sieht man sich.«

Über diesen Einwurf musste ich erst mal eine Weile nachdenken. Wie unterschiedlich man die Dinge sehen kann ...

»Ich wünsche mir eine spannende Partnerschaft auf Augenhöhe, Ben. Mit echter Nähe, die beide uneingeschränkt wollen und in der man die kleinen und großen Herausforderungen des Alltages miteinander meistert. Klar braucht es auch Abstand, sonst kann ja keine Nähe und Spannung entstehen. Aber echte Partnerschaft, in der man gemeinsame Projekte hat, sich wirklich aufeinander verlassen kann, aneinander wächst und reift.«

Tja und hier tat sich der erste Abgrund zwischen uns auf.

»Das klingt toll in der Theorie. Aber in der Praxis, Anouk? Mal ehrlich. Kennst du Paare wo das wirklich klappt?«

»Ja«, antwortete sie, ohne zu zögern. »Die gibt es und ich kenne einige davon. In meiner Ehe gab es viele Aspekte davon. Und die möchte ich unbedingt wieder erleben. Gemeinsame Projekte zum Beispiel, um nur eines zu nennen.«

Diese Deutlichkeit und Klarheit haben mich ganz schön erstaunt. Wäre spannend, sie noch näher kennen zu lernen, aber vermutlich nicht ganz ungefährlich ... Ich begann zu ahnen, dass mich dies in ein Dilemma führen könnte.

»Weißt du Ben, das ist ganz schlicht. Jeder hat seine Geschichte. Der Gipfel, auf den ich jetzt hoch will, der ist so steil – da brauche ich einen Kletterpartner an der Seite, auf den ich mich voll verlassen kann, und der bereit ist, einen Weg zu suchen, den noch keiner vorher gegangen ist. So etwas ist sehr gefährlich, das muss man unbedingt wollen, sonst fällt man in die nächste Spalte und kommt nicht mehr wieder raus.«

»Was meinst du genau?«

Ich gebe zu, ich war etwas verwirrt von ihrer Aussage und verstand nicht wirklich, was sie meinte.

»Wo ich hinwill und wo ich auch mit meinem Mann noch nicht war, das steht in einem ganz tollen Buch. Da wird dieser Weg, beschrieben. Das ist gerade alles bildlich gesprochen, wenn du weißt, was ich meine.«

Nein, ich wusste es nicht, aber ich wollte auch nicht nachfragen. Dabei wäre ich mir blöd vorgekommen. Ich habe sie lieber nach dem Buchtitel gefragt, um mir selbst ein Bild zu machen, wovon sie sprach.

»Brain Talk heißt es und ist von David Schnarch und es stimmt: Das solltest du unbedingt lesen. Mir hat es die Augen in Bezug auf Beziehungen geöffnet.«

»Wie bist du darauf gekommen?«

»Hat mir ein sehr guter Paartherapeut empfohlen. Der Mann ist ein Geheimtipp. Nicht weit von dort, wo du wohnst. Wenn du mal Bedarf hast, geh' zu ihm. Er kann zaubern. Glaube mir das ... Ohne ihn hätte ich es nicht geschafft, meine Beziehungsgeschichte von Kindheit an zu entschlüsseln und so aufzuarbeiten, dass ich überhaupt wieder an Partnerschaft denken kann. Aber wie gesagt, er kann zaubern. Drei Tage bei ihm und ich war geheilt. Hat mich zwar eine Stange Geld gekostet, aber ich hätte auch das Doppelte oder das Dreifache bezahlt. Wirklich!«

Sie machte eine Pause, bevor sie wieder sprach. In ihrem Blick lag plötzlich etwas seltsam Fernes, Sehnsüchtiges.

»Die Alternative wäre gewesen ... hm, weiß nicht, zu Fuß nach China zu laufen vielleicht, um über meine Vergangenheit hinweg zu kommen ... und mit meinen Einschränkungen ... puh, wäre schwierig geworden, für eine solche Wanderung eine Lösung zu finden, keine Ahnung wie ich das hätte anstellen sollen.«

Offensichtlich liebte sie es, in Bildern zu sprechen. Eine Wanderung nach China würde lange dauern, dachte ich bei mir.

Danach war eine Weile Ruhe. Ich genoss es, sie zu betrachten, ihr dabei zu zuschauen, wie sie ihr Glas Rosé trank und wartete, dass ich etwas sagte. Aber was sollte ich sagen? Zum Glück ist mir dann doch was eingefallen.

»Sag mal, Anouk, du scheinst dich mit vielen interessanten Sachen zu beschäftigen. Da ist die Eurythmie, die ich bisher nur aus deinen Erzählungen kenne, du tanzt, das würde ich auch gerne können, jetzt erzählst du mir etwas von spannenden Experimenten als Paar und dann schreibst du zu gegenwartsrelevanten Themen. Vor großen Veränderungen hast du offensichtlich auch keine Angst.«

Sie sah mich fragend und neugierig an, das ermunterte mich weiter zu reden.

»Wir sind beide in einer Phase der Umorientierung. Wollen wir uns nicht mal einen halben Tag treffen und uns etwas näher und in anderem Kontext kennenlernen. Vielleicht bekommen wir Lust, was zusammen zu machen. Beruflich oder privat oder beides?«

Sie überlegte, bevor sie etwas zögernd antwortete. »Na klar, das können wir schon machen. Aber ich bin mir nicht sicher, ob das wirklich realistisch ist.«

Sie machte eine Pause und dachte wohl über meinen Vorschlag nach.

»Ist etwas heikel, was ich jetzt sage, aber mir ist Klarheit wichtig! Ich frage mich, ob du meine Gesamtsituation wirklich richtig einschätzt. Ich kann beruflich und vielleicht auch privat sehr viel einbringen und geben, das andere Frauen in meinem Alter nicht

können, aufgrund meiner extremen Erfahrungen und dem, was ich gelernt habe. Aber das hat eben auch eine Kehrseite und die muss man ebenfalls sehen ...«

In ihren Augen war zum ersten Mal ein Anflug von Traurigkeit zu lesen. Das wollte ich aber auf keinen Fall. Ich wollte nicht, dass sie traurig ist. Deshalb sagte ich schnell: »Na ja, das verstehe ich schon, dass das etwas speziell ist für dich, aber das muss doch nicht heißen, dass es da keinen gemeinsamen Weg gibt. Den muss man halt suchen. Das braucht vielleicht einfach ein bisschen Zeit. Aber du willst dich doch wieder verbinden, oder?«

»Ja schon«, antwortete sie immer noch zögernd, »aber weißt du, das ist halt echt herausfordernd. Da braucht man Pfadfindermentalität, Geduld und Durchhaltevermögen. Auf die meisten Männer wirkt das abschreckend. Und das zu Recht, weil es mitunter anstrengend ist und man nie wissen wird, was als Nächstes kommt. Und die, die es im ersten Moment nicht abschreckt, wird es abschrecken, wenn sie mehr erfahren. Ich weiß, dass ich eine großartige Partnerin sein kann, aber ich kenne mich eben sehr gut und mache mir keine Illusionen mehr.«

Sie schwieg wieder und schaute mir mit einem Blick in die Augen, den ich wirklich nicht so recht zu deuten wusste. In diesem Moment habe ich angefangen, mich zu fragen, was diese kleine Frau tatsächlich erlebt hatte, dass sie in dieser Weise ernüchtert war. Natürlich klang das Ganze nicht einfach, aber die anderen haben doch auch ihr Päckchen zu tragen. Ich verstand nicht so recht, wieso sie das so pessimistisch sah. Als habe sie meine Gedanken gelesen, sagte sie schließlich:

»Genug von mir geredet, erzähl mir doch einfach mal ein bisschen von dir. Was ist dir denn wichtig in einer Partnerschaft? Beruflich oder privat. Worauf legst du da Wert? Was reizt dich an einer Frau? Was wäre dein größter Wunsch in diesem Zusammenhang? Wo warst du schon in Bezug zu diesem Thema und wo willst du in Zukunft hin? Was schwebt dir denn beruflich genau vor?«

In diesem Moment der Unterhaltung allerdings trat die freundliche Bedienung an den Tisch und nun ging es vorerst um rein faktisch Praktisches, nämlich darum, was wir beide zu Abend essen wollten.

Zukunftsszenarien entwerfen

Das Folgende ist als Einladung gedacht, sich auf eigene Weise mit Zukunftsszenarien auseinanderzusetzen. Ich kann mir vorstellen, dass dies sicherlich für interessante Erfahrungen sorgt. Ich selbst habe sehr viele dieser Zukunftsszenarien verfasst. Und damit in einer schweren Zeit all das erlebt, was ich gerne erleben wollte, aber nicht konnte. Es ist ein Werkzeug, um die Zukunft in die Gegenwart zu holen und dadurch nicht immer nur auf ein besseres Morgen hoffen zu müssen.

Meine persönliche Herausforderung ist es, mir das Träumen zu erlauben.

Zukunftsszenarien können einfach oder sogar naiv sein. Darum geht es für mich bei diesem Werkzeug gerade: etwas, das man gerne erleben möchte, auf kindliche Weise zu fantasieren und es mit der Hand aufzuschreiben. So wie es eben im Idealfall ablaufen würde. Bei mir hat es einen positiven Effekt auf den gesamten Organismus. Vielleicht weil ich mich mit meinem inneren Kind verbinde? Das ist ein wichtiges Ziel von manchen Therapien. Wieder zu den intuitiven Kräften aus der Kindheit Zugang zu gewinnen. Im Prinzip pflegen wir damit den Spieltrieb in uns. Wir wissen heute hinlänglich, wie wichtig es für Kinder ist, zu spielen und so für das Leben zu üben. Ich habe mich gefragt, warum wir Erwachsenen uns eigentlich häufig versagen, diese Ressource zu nutzen? Ist es nicht in Zeiten, in denen wir regredieren, also immer dann, wenn wir in einer echten Krise sind, besonders wichtig gerade zu diesen Kräften wieder Zugang zu finden? Dass die Realität dann oft anders aussieht, ist klar. Jedoch fühlte ich mich auf diese Weise viel besser vorbereitet, weil ich den Mut hatte, mich mit meinen eigentlichen Intuitionen und Motiven wirklich zu verbinden. Heute traue ich mich, zu dem zu stehen, was ich tatsächlich will, auch wenn ich krank bin und für vieles möglicherweise länger brauchen werde und andere Wege suchen muss als jemand, der gesund ist.

Wenn ich nicht schreiben will, spreche ich die Szenarien einfach laut aus, nehme sie auf und höre sie mir an. Meistens sind es in irgendeiner Weise Gespräche, die ich gerne führen möchte. Begegnungen eben. Und im Rahmen dieser Begegnungen deutlich zu sagen, was mir wichtig ist, das ist die Übung! Auch dieses ist ein effektiver Weg. Mittlerweile genieße ich diese Übungen richtig. Und in der Realität bin ich dann oft gelassen, ruhe in mir, fühle mich sicher und kann auf alles spontan reagieren, was von den anderen kommt. Ich gebe auf der nächsten Seite ein schriftliches Beispielszenario wider.

Aus zwei mach eins

Ich habe mich vor einiger Zeit selbstständig gemacht und bekomme zu meiner großen Freude die ersten Aufträge. Dieses Mal geht es um Teamentwicklung. Ein Arbeitsfeld, das ich besonders mag.

Der Bereichsleiter eines mittelständigen Unternehmens, Herr Tunkler, hat mich eingeladen. Wir haben uns während eines Seminares kennengelernt, an dem ich als Trainerin beteiligt war. Dort hat er die Betriebseurythmie zum ersten Mal erlebt und war sehr begeistert von der Effektivität dieser Methode. Er ist mit der Aufgabe konfrontiert, zwei Teams zusammen zu legen, die bisher in Konkurrenz miteinander standen. Hinzu kommt, dass eines der Teams aus fünf Personen besteht und das andere lediglich drei Mitglieder hat. Ein ziemliches Ungleichgewicht also.

Schon während des Seminares hatten wir ein angeregtes Gespräch zu diesem Projekt und so freue ich mich, dass er mich nun einlädt, um ihn bei der Umsetzung zu unterstützen. Und dann noch mit meinem Lieblingsinstrument. Wie wunderbar!

Ich reise in eine mittelgroße Stadt ins Ruhrgebiet. Seitdem ich regelmäßig meditiere, ist das Reisen noch viel entspannter für mich als zuvor. Ich bin einfach immer sofort dort, wo ich mich gerade befinde. Ganz da. Es gibt keine Zeit der Anpassung mehr so wie früher und das genieße ich. Herr Tunkler empfängt mich auf sehr zugewandte Weise. Ich mochte sein warmes Wesen schon während des Seminares. Jetzt allerdings, wo er »im eigenen Stall« unterwegs ist, kommt es noch viel mehr zum Vorschein. Er empfängt mich fast so, als würde ich zu ihm nach Hause kommen. Sehr zuvorkommend und höflich, ohne reserviert zu wirken. Er zeigt mir zuerst ein wenig die räumlichen Gegebenheiten. Wir hatten länger darüber gesprochen, wie viel Platz nötig sein würde. Ich bin hoch erfreut zu sehen, dass der Raum wirklich ideal ist. Wir werden uns frei bewegen können.

Er bietet mir einen Kaffee an und wir gehen den Ablauf des Tages noch einmal gemeinsam durch. Wir haben verabredet, dass wir diesen und den nächsten Tag gemeinsam arbeiten und dann mit dem Team entscheiden, wie es weiter gehen soll. Es hat mir große Freude gemacht, zu erleben, wie Herr Tunkler alle meine Vorschläge für diese zwei Tage aufgenommen hat und dass sie fast alle im Programmablauf erscheinen. Wir sind offensichtlich auf einer Wellenlänge, und er weiß meine Ideen zu schätzen.

Zuerst arbeiten wir für eine Stunde mit dem kleineren Team und entlassen es nach der einen Stunde mit einer Reflektionsaufgabe. Danach kommt das größere Team. Nachdem mich beide Teams kennengelernt haben und auch ich mir einen Eindruck der Lage verschaffen konnte, wollen wir nach einer kleinen gemeinsamen Kaffeepause die erste Einheit Eurythmie setzen.

Ich fange mit meiner Lieblingsübung an. Sie ist sehr einfach. Und sie kommt eigentlich immer an bei den Teilnehmern. Vielleicht gerade, weil sie so einfach ist und alle schnell ein Erfolgserlebnis haben. Es geht darum, tennisballgroße Holzkugeln in einer bestimmten Weise zu übergeben. Es macht Spaß, weil man konzentriert arbeiten muss. Gleichzeitig entsteht schnell ein schwingendes Flowgefühl mit allen, die mitmachen. Man könnte sagen, das Teamgefühl entsteht vollkommen von selbst. Ganz spielerisch. Das Ganze ist unterlegt mit einer schönen Musik und in der Regel öffnen sich die Herzen. Meistens wird sogar gelacht dabei, was natürlich besonders willkommen ist.

Nach dieser ersten Einheit ist das Eis gebrochen. Das spüre ich sofort. Natürlich ist es noch keine große Liebe zwischen den beiden Teams. Aber wir sind doch einen großen Schritt weitergekommen. Besonders Herr Tunkler, dem dieses Projekt ziemlich im Magen gelegen hat, ist erleichtert. Diese psychosozialen Prozesse seien schon immer seine größte Herausforderung gewesen. Er halte einfach nichts davon, lang und viel zu reden. Er habe auch schon einige effektvolle Methoden kennen gelernt, um diese Thematik interaktiv anzugehen. Die Eurythmie begeistere ihn nun speziell, weil sie so viele Ebenen anspreche und die Menschen aus der Komfortzone locke. Und das erscheine ihm sehr wichtig.

Ich freue mich über dieses differenzierte Feedback und darüber, dass ich in meinem Kunden einen so feinfühligen Beobachter gefunden habe. Die nächsten anderthalb Tage werde bestimmt spannend und bereichernd für alle Seiten sein! Ich freue mich auf diese Arbeit und gehe beschwingt in die Mittagspause.

Da spricht mich eine Teilnehmerin aus dem größeren Team auf dem Gang an. Sie sei sehr skeptisch gewesen, was der Chef da anschleppen wolle, erzählt sie mir. Aber schon in der ersten Einheit sei sie neugierig geworden, weil sie diese erste Zusammenarbeit erfrischend und inspirierend gefunden habe. Irgendwie anders als das, was sie bisher auf dem Gebiet der Teamentwicklung kennen gelernt habe. Über diese Rückmeldung freue ich mich, weil es mir wieder einmal zeigt, dass es die richtige Entscheidung war, die Organisationsentwicklungsausbildung zu machen, obwohl mein mentaler Zustand damals so miserabel war. Die Eurythmie aber habe sie dann restlos überzeugt, fährt sie fort. Sie werde gleich heute Abend versuchen, im Internet ein bisschen mehr darüber zu erfahren.

»Oh je«, antworte ich, »hoffentlich werden Sie nicht fürchterlich enttäuscht sein ... Aber ich bin ja morgen noch da, dann können wir über alles reden, was Sie wissen wollen oder was Sie gelesen haben«, sage ich lachend. Sie scheint, sich über dieses Angebot zu freuen und ich freue mich ebenfalls, einen neuen Fan für mein Lieblingsinstrument gefunden zu haben. Nun ist aber wirklich Mittagspause, schließlich soll es in dreißig Minuten weiter gehen.

Tat und Tatwirkung

Das nächste Werkzeug ist für mich essenziell geworden: Die Wirkung meiner Taten zu trennen von dem, was ich tue!

Ich tue, was ich tue, und das mit Überzeugung, möglichst in vollem Bewusstsein dessen, was ich tue. Ich tue es mit Hingabe und Liebe. Wichtig dabei erscheint mir, dass ich mir diese Haltung selbst glaube! Ich erwarte jedoch keine bestimmte Wirkung, wobei mein Tun natürlich eine Wirkung hat. Das ist immer so. Ob ich etwas tue oder es lasse. Wenn ich eine Tat allerdings mit einer bestimmten Wirkungserwartung verknüpfe, mache ich mich emotional abhängig von meinem Umfeld und der Reaktion der anderen und dem jeweiligen Ergebnis. Handle ich aber in vollem Bewusstsein dessen, was ich da tue, und lasse gleichzeitig die konkrete Wirkung meiner jeweiligen Tat offen, werde ich in meinem Handlungsspektrum deutlich vielfältiger.

Besonders für die emotionale Wirkung bei anderen versuche ich, mich nicht mehr verantwortlich zu fühlen, sondern einfach abzuwarten, was passiert. Das ist ein hartes Training und natürlich bin ich noch weit davon entfernt, es immer zu schaffen. Aber dieses Training lohnt sich, das kann ich nach der kurzen Zeit, die ich damit arbeite, schon sagen.

Diese Haltung führte auch dazu, dass ich vieles *nicht* mehr tue, ein wichtiger Baustein zur Burnout-Profilaxe. Dadurch habe ich ein neues Verhältnis zu meinen Tätigkeiten gewonnen. Ich lasse heute vieles, von dem ich früher der Meinung war, dass ich es tun müsste. Ich frage mich stattdessen, ob es »wichtig« oder »jetzt schon wichtig« ist. Ist es das nicht, verzichte ich darauf, es zu tun, auch wenn mir möglicherweise eine innere Stimme mit strengem Tonfall sagt, dass es eigentlich »wichtig« wäre, dieses oder jenes »jetzt« zu tun. Ich höre sie mir an und sage ihr: »Ja, wichtig bestimmt, aber *wirklich* wirklich? Und für wen wichtig?«

Ich merke, dass das Leben sehr spannend wird, wenn ich Dinge tue, die ich so noch nie getan habe, und andere lasse und danach beobachte, was in meinem Inneren vor sich geht, wenn die Wirkung auf mich zukommt. Zum Beispiel merke ich, dass ich mich zunehmend weniger selbst bewerte und vergleiche, wenn ich bestimmte Dinge tue oder eben nicht. Eher bin ich auf einer andauernden Entdeckungsreise.

Gleichzeitig stelle ich immer mal wieder eine gewisse Überforderung meines Umfeldes fest, wenn ich anders handle, als man es von mir gewohnt ist. Insgesamt allerdings gefällt mir das besser, als wenn nur ich ständig überfordert bin, weil ich versuche, mich den anderen nicht vollumfänglich zuzumuten und alles vermeintlich »richtig« zu machen. Das will und kann ich nicht mehr.

Wenn manche Menschen sich dann zurückziehen, finde ich das nicht mehr schlimm. Es werden andere kommen, die es mit mir aushalten und mich schätzen, so wie ich bin, da bin ich mir sicher. Die Empfindung, dass es in Ordnung ist, wenn ich bin, wie ich bin, und dass ich einen Platz habe auf dieser Welt, ohne irgendeiner Norm zu entsprechen, nimmt mit diesem Werkzeug zu. Diese innere Sicherheit ist mir heute wichtiger als die vermeintliche Sicherheit, die sich aus Reaktionen und Beziehungen ergibt, in denen ich diplomatisch und angepasst bin. Ich weiß: Ich kann mich noch so sehr anstrengen, es wird mir doch unmöglich sein, irgendeiner Norm zu entsprechen. Mein gesamter Lebensweg ist so speziell, dass es einfacher ist, diesen als etwas Wertvolles zu akzeptieren und mich so anzunehmen, wie ich bin.

Überrasche dich selbst!

Das nächste Werkzeug, das ich mit großer Begeisterung anwende: Überrasche dich selbst! Ich muss jedoch schon arg kreativ dabei werden, weil ich vieles, was andere sich niemals trauen würden, schon gemacht habe, schon meines außergewöhnlichen Berufes wegen.

Ich lasse mich dabei von meinen Ängsten leiten. Wenn ich weiß, dass ich vor einer Sache Angst habe, dann versuche ich, genau diese zu konfrontieren. Da ich hier nicht alles aufzählen kann, was ich an Selbstüberraschungen vollbracht habe, nenne ich als Beispiel das Singen: Wie schon erwähnt, hatte ich begonnen zu singen. Ich stellte zu meiner Überraschung fest, wie gut es mir gelang, einfach über die Nachahmung ein Lied nach dem anderen zu lernen, und wie sehr ich das Singen genoss. In der Folge trieb ich es noch weiter. Ich sang vor anderen Leuten! Vor meinen Freunden, auf Geburtstagen und ähnlichen Veranstaltungen – für mich war das jedes Mal eine Mutprobe. Nach jeder geglückten »Überrasch-dich-selbst-Aktion« wuchs mein Selbstwertgefühl deutlich. Manchmal gab es gute Resonanz und manchmal weniger. Das war nicht wichtig. Entscheidend war und ist, etwas zu tun, was ich mir früher niemals zugetraut hätte.

Den Spieß umdrehen

Oft versuche ich eine Situation, die mich nervt, umzudrehen, indem ich mich frage, wie daraus etwas »Gutes« werden kann. Regelmäßig überrasche ich mich selbst, wenn ich feststelle, wie kreativ ich damit umgehen kann. »Den Spieß umdrehen«, ich glaube, das ist mittlerweile mein Lieblingshandwerkszeug geworden. Dieses Buch ist zum Beispiel aus diesem Impuls entstanden.

Ich begann mit dem Schreiben, als ich vollkommen verzweifelt war und die nächste MRT-Kontrolle vor mir lag. Zehn Tage vorher bekam ich einen regelrechten Panikanfall. Wenn alles, was ich in den letzten Monaten unternommen hatte, nichts bringen sollte und der Tumor weiter wachsen würde ... ich wusste nicht, wie ich damit umgehen sollte. Schließlich habe ich »den Spieß umgedreht«.

Ich sagte mir, dass ich versuchen könnte, so zu leben, als sei ich gesund - einfach mal zehn Tage lang und bis zur Kontrolle. Als nächstes fragte ich mich, was ich dann tun würde. »Anfangen zu schreiben«, sagte mir meine innere Stimme. Vielleicht ist das Buch, das Sie gerade in den Händen halten, deshalb meine bisher größte »Überrasch-dich-selbst«-Aktion geworden. Denn als ich begann zu schreiben, hatte ich weder eine Ahnung noch eine Idee davon, was für eine Art Buch es werden würde. Einige Menschen hatten mir empfohlen, das Buch unter Pseudonym zu veröffentlichen. Wirklich? Und damit das gleiche Spiel weiterzuspielen, das ich schon seit Jahren spielte? Nämlich nicht zu dem zu stehen, was in mir ist, aus Angst vor den Folgen? Nein, das ganz bestimmt nicht. Und mal ehrlich: Was bitte schön veröffentliche ich in diesem Buch, das nicht jeder in dieser oder ähnlicher Weise kennt? Möglicherweise weniger drastisch, weniger existentiell, und doch werden viele Menschen sich ganz sicher wiederfinden.

Für mich ist es wichtig zu erzählen, wie es mir *wirklich* ergangen ist. Es ist wichtig für mich, zu mir und zu meiner Geschichte vollumfänglich zu stehen, mich nicht mehr zu schämen und zu verstecken oder zu versuchen, durch Leistung irgendetwas auszugleichen, wo es nichts auszugleichen gibt. Vielleicht kann ich sogar einigen Menschen Mut machen, das Gleiche zu tun.

Ziel und Zweck – was geschieht warum?

Dieses Werkzeug finde ich inspirierend. Oft wissen wir erst im Nachhinein, wofür eine Situation nützlich war. Das wird immer so bleiben. Trotzdem hatte ich inzwischen gelernt, dass ich in aktiverer Weise mit herausfordernden Situationen umgehen konnte, statt sie nur auszuhalten und dann im Rückblick zu wissen, wofür sie gut waren.

Als Beispiel will ich eine Situation schildern, die mich an die Begegnung mit Ben erinnerte: Ungefähr ein Jahr später lernte ich erneut einen Mann kennen, der mich interessierte. Nennen wir ihn Manuel. Ein toller Mann. Er war Arzt und Tangotänzer. Für mich eigentlich eine Traumkombi: Ein Arzt hat keine Angst vor Krankheit, und ein Mann, der Tango tanzen kann, versteht etwas von Erotik! Besser geht es nicht. Wir waren uns sofort sympathisch – und es hatte gefunkt. Ähnlich wie mit Ben war auch zwischen Manuel und mir ein großes Flowgefühl, auf einer anderen Ebene zwar, aber in der Intensität vergleichbar.

Es wurde schnell deutlich, ähnlich wie bei Ben, dass ich der treibende Teil war. Natürlich. Einer will immer mehr. Nun hätte ich mich einfach in dieses Schicksal ergeben können. Wie es meiner Gewohnheit entsprach, hätte durch meine feinsten Antennen versuchen können herauszufinden, wie viel Kontakt er aushalten konnte, um über eine lange Zeit dieses Muster aufrecht zu erhalten. Ich entschied mich stattdessen, daran zu wachsen! Es bedeutete, mich selbst und mein Muster radikal zu überwinden und nichts mehr zu tun. Schlimmer noch, ganz rauszugehen aus der Beziehung, die ich mir sehr wünschte, weil er mir wirklich gefiel.

Ja, das ist bitter. Ja, das ist hart. Und gleichzeitig ist es ein so unglaublicher Lustgewinn. Ich spürte, wie ich dadurch, dass ich genau das Gegenteil von dem tat, was ich eigentlich gerne tun wollte, durch diesen Verzicht, mein Muster zu bedienen, über mich hinauswuchs. Ich hatte es geschafft, wieder auszusteigen, bevor ich auf emotionaler Ebene eingestiegen war. Ich verzichtete! Beziehungsverzicht, Genussverzicht! Viele kennen das wohl vom Essen. Aber da habe ich das Problem nicht. Mein Laster, das sind eben die Beziehungen. Danach bin ich wirklich süchtig sowie nach körperlicher Zuwendung und Liebe. Er küsste ja schön, dieser Manuel. Und wenn es weiter gegangen wäre, wäre bestimmt auch das sehr schön geworden. Tja, aber wieder eine Bindung an einen Mann, der nicht vollumfänglich wollte? Nein danke! Beine in die Hand nehmen und flüchten.

Interessanterweise lenkt sich die Energie, die wir auf diese Weise abziehen, um. Ich finde das nicht verwunderlich. Denn aus der Physik wissen wir, dass Energie nicht verloren gehen kann. Wären wir zusammengekommen, wäre ein großer Teil meiner Energie in die Gestaltung der Partnerschaft geflossen. Durch meine Ehe weiß ich, wie wunderschön eine Partnerschaft sein kann, die ich aktiv gestalte. Bei Ben hatte es lange gedauert, bis ich die Sache überwunden hatte. Hier wusste ich im Moment des Geschehens, was und wie ich üben kann und wofür diese Begegnung gut war.

Vergleiche dich nur mit deinem vergangenen Ich

Dieses Werkzeug mag ich ausgesprochen. Gelernt habe ich es von Jordan B. Peterson. Er ist ein bekannter Psychiater und Psychologe aus Kanada. Gefunden habe ich es in seinem Buch »12 Rules for Life«, auf das ich im Quellenverzeichnis hinweise. In meinen eigenen Worten beschreibe ich es so: Früher habe ich mich ständig verglichen. Mit fast jedem Menschen, der mir begegnete. Oft hatte ich solche Gedanken wie: »Oh, so eine Reise sollte ich auch mal machen. Das gehört heute einfach dazu«, »Oh, dieses Buch muss ich ebenfalls unbedingt lesen, sonst habe ich ja keine Ahnung«, »Oh, in diesem Bereich sollte ich mich unbedingt genauso engagieren wie mein Gegenüber, wenn ich Zeitgenosse sein will« usw. Heute vergleiche ich mich nur noch mit mir selbst. Und zwar nur mit der Person, die ich schon mal war. Gestern oder im letzten Monat oder im letzten Jahr.

Der positive Effekt ist für mich überraschend. Denn fast immer habe ich heute etwas erledigt, was ich gestern noch nicht gemacht habe. Oft irgendetwas kleines. Ich bin doch immer einen winzigen Schritt weitergekommen. Nämlich einen Tag. Auf diese Weise vergleiche ich mich nicht mehr mit der Frau, die ich gerne sein würde, die ich aber niemals sein kann. Ich vergleiche mich nur mit der, die ich schon mal war. Und meist finde ich es großartig, dass ich heute die bin, die aus der, die ich mal war, geworden ist.

Sie hat viele Schwächen, viele Baustellen, vieles, was schwierig ist. Aber sie hat auch viel geschafft, diese Frau von heute und sie ist eigentlich ganz in Ordnung so, wie sie ist. Heute, hier und jetzt. Wie sie morgen sein wird, werde ich sehen. Das bleibt immer eine Überraschung.

Mit den anderen vergleiche ich mich nicht mehr, denn ich kann niemals wie die anderen sein. Mein Leben mit einem anderen zu vergleichen, ist zwecklos. Wenn es überhaupt etwas bringt, dann Unglück. Ich glaube, unter allen Lebewesen ist nur der Mensch in dieser ausgeprägten Weise dazu in der Lage, sich selbst unglücklich zu machen. Seitdem ich den Spieß umgedreht habe und mich nur noch mit mir selbst vergleiche, bin ich glücklicher als zuvor.

Briefe schreiben

Sagen, was wirklich los ist – das war eine schwere Übung für mich. Lange konnte ich es besser schriftlich als mündlich. Am besten lerne ich dabei aus der Nachahmung. Eine Weile zuschauen oder mich lesend inspirieren, es zuerst nachmachen und dann mein Eigenes entwickeln. Auf meinem Weg, Dinge anders und neu zu machen, hat mich der Text von Joseph Beuys »Lass dich fallen« angeregt. Am Ende seines Textes gibt er die Empfehlung, *Liebesbriefe* zu schreiben. Ja, Liebesbriefe habe ich viele geschrieben. Abgeschickt habe ich sie nicht, aber das Schreiben half mir, mich mit mir und meinen Träumen zu verbinden und mich damit so anzunehmen, wie ich bin. Ja zu sagen zu der Tatsache, dass ich davon träume, wieder mit einem Partner zusammen zu leben, mit dem ich eine Zukunft planen und gestalten kann und der mich auch so annimmt, wie ich eben bin – mit allem Hellen und allem Dunklen –, und der es vielleicht herausfordernd findet, dass ich eine schwere Erkrankung habe, der darin aber, so wie ich es mittlerweile tue, eine Chance auf Wachstum sieht. Lange habe ich dies für ausgeschlossen gehalten.

Aber nicht nur Liebesbriefe an Ben waren wichtig, sondern auch andere Briefe. Früher war das Briefeschreiben viel verbreiteter als heute. Eigentlich schade. Denn mir scheint, uns geht etwas verloren, indem wir dieses Mittel der Kommunikation nicht mehr nutzen.

Einen der Liebesbriefe drucke ich im Folgenden ab, weil ich darin das Motiv der Eigenliebe für so bedeutsam halte. Denn ich habe mich selbst lange viel zu wenig geliebt. Es war mir gar nicht recht bewusst. Heute sehe ich, dass Eigenliebe wichtig ist, um einen anderen Menschen lieben zu können.

Ben, Liebster,

es geht nur über die Liebe zu mir selbst, das habe ich plötzlich verstanden. Nur darüber kann ich gesund werden. Und das will ich. Unbedingt. Seelisch gesund werden.

Was auch immer das für meinen Körper dann bedeutet. Es fängt damit an, mein Leben so, wie es ist, mit diesen vielen Katastrophen zu lieben, weil es eben nun mal meines ist. Und das bedeutet, nicht traurig zu sein, weil keiner mit mir tauschen will, sondern im Gegenteil, es gar nicht tauschen zu wollen. Dieses mein Leben. Und diesen Körper zu lieben, der krank ist und auch ihn nicht tauschen zu wollen. Und jede Erfahrung, die auf mich wartet, machen zu wollen.

Das Leben zu wollen und ganz reinzugehen, das bedeutet es.

Zu nehmen, was und wie es auch kommt.

Und so ist jetzt die große Herausforderung und Aufgabe, zu allem diesem, zu allem, was sich auflöst, zu jeder Träne, zu meiner tiefen, tiefen Verzweiflung und Einsamkeit - wie in der letzten Nacht zum Beispiel - zu allem diesem Ja zu sagen. Ja, das alles bin ich. Es darf so sein. Ich heiße es liebevoll willkommen, weil es ein Teil von mir ist.

Ich schaue es mit liebevollen Augen an!

Was mir ja immer bleibt, das ist mein Atem. *Ist das nicht ein schönes Wort, Liebster? Atem. Solange ich lebe, kann ich mich egal wann und egal wo mit mir über den Atem verbinden. Und damit mit dem Leben und mit der Wärme. Ein paar Atemzüge wie in meiner Meditation und schon bin ich ganz da. Im Hier und Jetzt und ruhe in mir.*

Was mir auch immer bleibt, das ist mein Blick. *Mein Blick in den Spiegel. Im Spiegel kann ich mir begegnen und dann bin ich nicht einsam. Da sehe ich alles. Ungeschminkt! Und ich sehe die Liebe. Die Liebe in meinem Blick.*

So wie meine Stimme. *Auch diese bleibt mir. Wenn niemand da ist, der mit mir spricht, so kann ich einfach mit mir selbst sprechen. Das ist bestimmt ein bisschen verrückt. Aber es ist eine Brücke. Und weißt du, ich mag meine Stimme! So kann ich zu dieser riesigen Fragestellung, die sich aus meiner Biografie ergibt, nur versuchen, Ja zu sagen, Liebster.*

Interessanterweise hilft mir die Liebe zu dir dabei, die Liebe zu mir selbst wachsen zu lassen. Mit jedem Tag, an dem ich mit der Liebe zu dir in meinem Herzen erwache, fällt mir gleichzeitig die Liebe zu mir ein. Und so wie sie zu dir wächst, wächst sie auch zu mir selbst.

Manchmal denke ich, dass es gut ist, dass wir uns in der Realität nicht mehr begegnen. So kann alles ungestört wachsen und gedeihen. Darüber bin ich fast froh. Nun brauche ich nur noch genügend Vertrauen, dass ich es wirklich schaffen kann. Dauerhaft und langfristig.

Jeden Tag mit dir zu sprechen, auch wenn es nur schriftlich ist, und mir dadurch einen schönen Moment mit dir zu schenken, indem ich mir erlaube, dies zu tun, ohne dich äußerliche dafür »zu brauchen«, das ist wohl ein großer Schritt in die richtige Richtung.

Was tust du gerade, wo bist du und was beschäftigt dich?

Zum Abschied stelle ich mir vor, wie unsere Hände sich ganz sanft berühren ... so wie damals ... weißt du noch?

Deine A.

Beziehungen klären

Ich erlebe es als befreiend, klärende Briefe zu schreiben, obwohl ich sie selten abschicke. Ein wichtiger Brief war jedoch einer, den ich *tatsächlich* der zweiten Partnerin meines Mannes zugeschickt hatte. Verrückt? Vielleicht. Ungewöhnlich? Vermutlich. Eigen? Ganz sicher. Aber für mich ein heilsamer Akt. Erstens, weil ich etwas Neues tat, und zweitens, weil ich ihr zeigen konnte, dass ich für mich etwas Wesentliches begriffen hatte und ich mich mit ihr als Frau verbinden konnte. Denn schließlich litt sie das gleiche Leid wie ich: emotional und sexuell an einen Mann gebunden zu sein, der nicht bereit war, sich voll und ganz für sie zu entscheiden und zu ihr zu stehen. Mit allem was sie ist.

Natürlich habe ich nie eine Antwort bekommen. Das war aber auch gar nicht wichtig. Wichtig war, wie bei all diesen Briefen, die Wirkung, die ich in mir spüren konnte. Es war eine Erleichterung, etwas für mich Wichtiges ausgesprochen zu haben.

Auch der folgende Brief war ein wichtiger Baustein auf dem Weg, frei zu werden von alten und schädlichen Bindungen. Er richtete sich an meinen vor 26 Jahren verstorbenen Vater.

Briefe, die ich nicht abschicken konnte, habe ich Freunden vorgelesen. Ich habe sie gebeten, sich diese als Stellvertreter anzuhören oder sie als Stellvertreter laut zu lesen, sodass ich zuhören konnte. Danach habe ich diese Briefe verbrannt. Es war eine Art Auflösungsritual. Erstaunlicherweise hat sich die Beziehung durch meine Aktivität tatsächlich verändert.

Es ist diese Wirksamkeit, die mich begeistert. Dass ich nicht nur ausgeliefert bin, sondern etwas machen kann. Etwas, das für mich gut ist. So kann eine Kommunikation auf Augenhöhe entstehen.

Papa,

ich schreibe dir diesen Brief, um Abschied zu nehmen. Dieser Abschied steht aus, seit 26 Jahren schon. Dadurch, dass du einfach verschwunden bist, konnte ich eigentlich nie richtig Abschied nehmen. Du bist eben einfach gegangen. Weißt du, lange habe ich es dir nicht vorgeworfen. Ich habe dich sogar sehr gut verstanden. Auch für mich fühlte sich dieses Leben hier auf der Erde oft so bedrohlich an, dass ich am liebsten »flüchten« wollte. In diesen Ängsten, Papa, diesen furchtbaren Existenzängsten, da sind wir uns sehr nah gewesen, wir beide. Und dass dich riesige Existenzängste plagten, das war nie ein Geheimnis.

Aber ich habe mich entschieden, all diese Ängste jetzt als einen Teil von mir selbst und meiner Seele anzunehmen und mich mit ihnen zu konfrontieren. Sie als das zu nehmen, was sie sind: Hemmnisse, die mir einerseits viel über mich erzählen, die mich aber andererseits hindern, so zu leben, wie ich es eigentlich will. Und so suche ich nun nach Wegen, um mit diesen Ängsten zu leben, aber den Gedanken an Flucht oder Ausstieg, den schicke ich immer gleich wieder weg. Ich versuche, einzusteigen. So schwierig und schmerzlich das auch ist. Ich komme voran. In kleinen Schritten zwar nur, aber dennoch ... Wie heißt es so schön: »Jede Reise beginnt mit dem ersten Schritt.«

Auf meiner Reise ins absolute Ungewisse habe ich nun schon viele Schritte getan. Äußerlich sieht man es noch nicht, bisher ist es nur ein innerer Prozess, aber ich übe mich im Vertrauen darauf, dass dieser innere Prozess dann auch äußerlich irgendwann Früchte trägt. Und so ist es eben auch ein Abschiedsprozess von dir, Papa.

Wie sehr habe ich dich geliebt und vergöttert. Wie sehr habe ich versucht, dir eine Tochter zu sein, auf die du stolz sein könntest, weil sie intelligent, emotionskontrolliert, taff und stark ist. Es ist mir recht gut gelungen. Viele Jahre lang. Aber der Preis, Papa, der war hoch. Ich konnte dir diese Tochter nur sein, indem ich die Anteile meiner Seele, die anders sind, verleugnet und als nicht zu mir gehörend abgespalten habe. Ich habe sie einfach unterdrückt. Die Seite meiner Seele, die so bedürftig nach deiner Zuwendung und Liebe war.

Wenn man stolz auf etwas ist, weißt du, dann stellt man es sich gegenüber und sagt: »Schaut mal her, wie toll...« Aber dann fühlt man sich nicht geliebt, schützend in den Arm genommen und angenommen so wie man ist, mit allen Seiten, auch mit den anstrengenden ...

Und das war es eben, was ich auf keinen Fall sein durfte in meiner Zeit bei euch, sprich in meiner Kindheit: anstrengend. Weder für dich noch für Karolina, meine Mutter. Für dich ist es mir gelungen, fast nie anstrengend zu sein. Für Karolina wurde ich anstrengend. Ziemlich früh sogar. Und vermutlich wäre ich es auch für dich geworden, wenn du mehr da gewesen wärst. Im Wesentlichen aber warst du weg. Und das ist ein Erbe, Papa, das schwer lastet. Die Sehnsucht, die dadurch in meiner Seele entstanden ist, die ist mit Worten nur schwer zu beschreiben.

Aber ich bin jetzt so weit, sie wirklich zuzulassen und ebenfalls als einen Teil meiner selbst anzunehmen ... Und dennoch, Papa, 39 Jahre, das ist lange genug. Und ich habe jetzt begriffen, ich war emotional gesehen immer allein und gefangen in der Sehnsucht und in der inneren Einsamkeit, über die ich nicht sprechen konnte.

Und so habe ich versucht und versucht, dieser Einsamkeit Herr zu werden, indem ich überall probierte, perfekt zu funktionieren und mich geschmeidig einzufügen und fröhlich zu sein. Um Anerkennung und Liebe zu bekommen. Auf keinen Fall aber wollte ich für die anderen anstrengend sein. So habe ich versucht zu verhindern, dass man mich ablehnt. Aber jetzt kann und jetzt will ich nicht mehr!

Papa, ich nehme Abschied.

Und ob du stolz auf mich bist oder nicht, es ist mir egal.

Du hast mich allein gelassen.

Tatsache ist, dass ich allein klar kommen muss, mit allen Schwierigkeiten, die das Leben so bietet. Das müssen wir alle. Und dennoch ist in meinem Rücken ein großes Gefühl der Leere, was euch, meine Eltern betrifft. Denn die Eltern sind die einzigen Menschen, die einem Menschen bedingungslose Liebe geben können. Weil nur Kinder bedingungslos geliebt werden. Und ihr beide konntet mich nur annehmen und akzeptieren, wenn ich bestimmte Teile meiner Persönlichkeit versteckte. Habe ich sie gezeigt, habe ich es nicht nur verbal, sondern oft auch mit harter Hand zu spüren bekommen, dass dieses oder jenes nicht erwünscht war. Von Karolina viele Male, von dir einmal.

Erinnerst du dich an diesen einen Schlag auf meinen Hinterkopf, mit dem Satz: »Du bist ja wie deine Mutter!«? Ich weiß nicht mehr, was der Anlass war. Auf jeden Fall hat irgendeine meiner Verhaltensweisen dich offensichtlich genervt. Deine Reaktion darauf hat allerdings gereicht, Papa, um mich in ein jahrzehntelanges Dilemma zu stürzen. Wie sollte ich mich selbst annehmen, mit diesen Seiten, die dich an meine Mutter erinnerten, wenn du sie nicht annehmen konntest?

Und so habe ich gekämpft, Papa, jahrzehntelang, um diese Seiten meiner Persönlichkeit loszuwerden. Gelungen ist es mir nicht. Im Gegenteil.

Und deshalb, Papa, nehme ich Abschied.

Mit diesem Brief und mit dem Verkauf meiner Geige. Denn dieses Instrument, das war meine Verbindung zu dir. Ich finde, es ist Zeit, Abschied zu nehmen. Du hast mir den Funken des Lebens geschenkt, obwohl du lange keine Kinder wolltest. Das werde ich dir nie vergessen!

Aber ich kann nicht bei dir bleiben, ich will gehen. Dahin, wo Leben ist. Und das Leben ist eben oft anstrengend, vor allem ist es aber vielseitig. So wie ich. Ich bin eben auch vielseitig. Zum Glück habe ich Menschen getroffen, die mich lieben mit allen Seiten, die ich so habe, wo ich nichts mehr zu verstecken brauche, auch wenn es manchmal anstrengend ist mit mir.

Mach's gut. Wo auch immer du jetzt sein magst ...

Deine Tochter

Viele Menschen kommen mit den Herausforderungen des Lebens gut klar und brauchen so wie ich keine konkreten Methoden, um frei und glücklich zu werden. Allerdings würde ich mich freuen, wenn ich diejenigen inspirieren konnte, die ebenfalls mit dem herausgefordert sind, was das Leben ihnen abverlangt – durch meine Erzählung und die praktischen Werkzeuge, die ich in diesem Buch vorstelle. Mir haben die Werkzeuge geholfen, mich aus dem tiefsten und schwärzesten Loch, in das ich jemals gestürzt war, eigenständig herauszuziehen. Ich wollte es wissen. Ich wollte es einfach wissen, ob ich es allein schaffen kann.

Ja, ich konnte es. Mit viel Geduld und kontinuierlicher Arbeit war es möglich, mich psychisch zu stabilisieren, einen Selbstwert zu entwickeln, der unabhängig von meinen Leistungen ist, und meinem Leben eine Bedeutung beizumessen, auch ohne einen »Mehrwert« zu erzeugen, sprich ohne einer geregelten Berufstätigkeit nachzugehen, ohne die Ehefrau von jemandem zu sein, ohne zu glauben, dass ich mich anstrengen und dabei verleugnen muss, damit andere mich mögen.

Mit diesen Werkzeugen ausgestattet war ich gewappnet für die größte und riskanteste Herausforderung, der ich mich je gestellt habe und über die ich im letzten Kapitel dieser Erzählung schreibe.

Stirb und wachse

In Hamburg war es graues und verregnetes Novemberwetter. Vor genau einem Jahr war es noch strahlend schön und kalt gewesen. Das war in Berlin. Es war der Tag, an dem Ben und ich im Tiergarten spazieren gingen und wir uns auf so unvergesslich zärtliche Weise zum ersten Mal geküsst hatten. Ein Jahr später sah mein Verhältnis zur Welt ganz anders aus. Vieles hatte sich verändert. Vor allem meine Haltung und mein Umgang gegenüber dem Leben und mir selbst.

Ich saß in einem Café am Hamburger Hauptbahnhof. Über zwei Stunden Wartezeit, bis mein Bus nach Berlin zurückfahren würde. Ich saß in einer etwas versteckten Ecke, vor mir ein Tablett mit Kaffee und Kuchen und einem schönen Blick auf das Kommen und Gehen der vielen Menschen, die in das Bahnhofsgebäude ein- und ausströmten. Dort saß ich mit dem Rücken zum Raum. Niemand sah, dass mir die Tränen aus den Augen liefen. Ähnlich wie damals auf Teneriffa, als Dr. Hemmerich mich fragte, wo der Schuh drückte.

Einfach ein Fluss aus Tränen. Ich ließ sie laufen, nahm wahr, wie sie mir über die Wangen kullerten, beobachtete und empfand, was in mir vorging. Man könnte sagen, ich meditierte das Weinen.

Vor ein paar Stunden lag ich noch einmal im MRT. Die übliche Verlaufskontrolle. Danach ein kurzes Gespräch mit meinem begleitenden Professor. Seit ein paar Wochen war der Druck auf meinem Rektum, den ich schon seit Langem verspürte, immer größer geworden. So groß, dass ich angefangen hatte, mir Sorgen zu machen und den Mediziner nach seiner Meinung fragte. Professor Mitzen wirkte wenig überrascht, eher schien er damit gerechnet zu haben. Er hatte die Option einer erneuten Operation schon vor einem Jahr angesprochen.

»Ich werde die Bilder meinem Kollegen in der Neurochirurgie der Uniklinik Tübingen vorlegen. Ich sehe ihn am Wochenende. Wir betreuen unsere Fälle oft zusammen.«

Ich wusste, was das heißt. In diesem Moment schien vieles, was ich mir im letzten Jahr an neuen Zielen gesetzt hatte, unerreichbar zu werden.

»Mit einer schweren Erkrankung zu leben, ist ein sehr effektiver Weg, um sein Ego zu überwinden.« Dieser Gedanke kam mir, als ich später im Café am Bahnhof saß und die Tränen flossen. Immer und immer wieder wurde ich mit der eigenen Machtlosigkeit konfrontiert und war gezwungen, Wünsche, Träume und Hoffnungen loszulassen. Es blieb nur, mich in das, was manche »Schicksal« nennen, zu fügen und den Dingen ihren Lauf zu lassen. Was *ich* wollte, interessierte niemanden.

Doch stimmte das? War ich so machtlos? Das ganze letzte Jahr hatte ich geübt, in allem, was mir begegnete, eine Herausforderung zu sehen, um daran zu wachsen. Vielleicht war die Tatsache, dass ein erneuter Eingriff im Raum stand, die erste große Prüfung. Hatte das, was ich mir erarbeitet hatte, auch Bestand?

In den Wochen, die nun folgten, begann eine intensive Suche. Die Suche nach einem Kraftquell, der ganz aus mir kam. Ein Jahr früher wäre es mir unvorstellbar gewesen, mich einer erneuten Operation zu stellen. Ich konnte nicht mehr, mich immer und immer wieder auf den OP-Tisch legen, um mich dann mühsam wieder aufzurichten.

Wofür noch? Ich hatte doch alles gehabt, was man sich im Leben wünschen konnte. Viel Leidvolles, aber auch so viel Beglückendes und Bereicherndes. Wofür nun wieder mich dieser Tortur ausliefern? Und woher die Kraft nehmen, um mich wieder aufzurichten und mit den möglichen Ausfällen und Folgen dieses erneuten Eingriffes leben zu lernen? Ich war erschöpft. So unendlich erschöpft. Es gab keine Worte, um diese Kampfesmüdigkeit zu beschreiben.

Meine Freunde und auch Wolf versuchten alles, um mir zu zeigen, wie wichtig es für die Menschen um mich herum war, dass ich da war und meinen Weg beschritt. Überhaupt wurde mir so viel Zuneigung und Liebe zuteil, seitdem ich mehr davon erzählte, wie es mir wirklich mit den Herausforderungen erging, und nicht mehr die Starke spielte. Ich konnte nur staunen. Meine Freundschaften wurden tiefer, je mehr ich mich öffnete und die Menschen teilhaben ließ an dem, was ich innerlich durchmachte und erlebte.

Und dennoch blieben Fragen: »Was ist es, das mir Kraft gibt, egal wie es ausgeht?«, »Mit welchen nervlichen Ausfällen werde ich leben müssen?« und »Wofür möchte ich Zeit gewinnen?« Denn wenn ich es laufen ließe und auf den Eingriff verzichtete, wäre es mit hoher Wahrscheinlichkeit in den nächsten Monaten zu einem Darmverschluss gekommen.

Reichte das Ziel, dieses Buch zu veröffentlichen? Ja, das war ein wichtiges Ziel. Wenn aber jemand dieses Manuskript zur Inspiration nehme, um daraus eine rein fiktionale Geschichte zu machen und es unter seinem Namen zu veröffentlichen, dann wäre es auch in Ordnung. Ich wüsste schon, wen ich fragen würde. War es also entscheidend, dass *ich* es veröffentlichte? Oder das Ziel einer neuen beruflichen Tätigkeit, um das, was ich gelernt hatte und am besten kann, weiterzugeben? Auch ein wichtiges Ziel.

Und dennoch. Wenn meine Farbe in der Coaching- und OE-Landschaft fehlen würde, wäre das so entscheidend? Es gibt so viele gute Leute auf dem Gebiet.

Käme es auf mich an?

Was aber war mit meinen Freunden? Mit meiner Familie?

Ja, da wurde eine Antwort schon schwieriger. Diese Menschen bedeuteten mir sehr viel und für diese Menschen war ich wichtig. Das wusste und spürte ich nun, trotzdem ich meine »raumgreifende« Geschichte auch für sie als eine Belastung empfand. Je größer meine körperlichen Einschränkungen sein würden, desto abhängiger würde ich möglicherweise. Und so kam mir immer öfter der Gedanke, dass es sicher traurig für viele wäre, wenn ich ginge, aber letztendlich würde es einer Befreiung gleichkommen.

Mit den mir nahen Menschen konnte ich über diese Gedanken und Fragen sprechen. Im Herbst des vorherigen Jahres konnte ich das noch nicht. Damals hatte ich den Wunsch zu sterben aus Verzweiflung, innerer Einsamkeit und Hoffnungslosigkeit. Einsam war ich nicht mehr, weil ich viel mehr mit mir verbunden war und mich dadurch den anderen öffnen konnte. Verzweifelt auch nicht. Traurig. Das ja. Aber Trauer ist etwas anderes als Verzweiflung. Trauer beschreibe ich als ein sehr tiefes Gewahrsein dessen, was ist. Und so war ich traurig über die unglaubliche Müdigkeit und Kraftlosigkeit, die ich wahrnahm, sobald ich an die Operation auch nur dachte. Also machte ich mich kundig über Palliativmedizin und Sterbehilfe.

Es war gut, mich mit diesen Realitäten auseinander zu setzen. Die Entscheidung einzugreifen oder es laufen zu lassen, lag bei mir. Niemand hatte das

Recht, diese Entscheidung für mich zu treffen. Deutlich wurde: Auf den Eingriff zu verzichten und möglicherweise in absehbarer Zeit zu sterben, bedurfte mindestens eben so viel oder noch deutlich mehr Mut, als wenn ich mich nochmals operieren ließ. Ich suchte nach etwas, das mir seelische Kraft geben konnte, um mich erneut aufzurichten und weiterzugehen.

Was hatte ich noch nicht erlebt und was wollte ich unbedingt noch erleben? Es dauerte und es vergingen Tage, während derer ich mit dieser Frage lebte. Dann kam etwas.

Was ist mit der Liebe?

Mir wurde klar, ich kann nur lieben, wenn ich einen Körper habe, ganz grundsätzlich und erwartungslos. Nicht um wiedergeliebt zu werden, sondern um lieben zu können, egal wen oder was. Wenn ich ginge, würde ich nicht mehr lieben können.

Das war eine radikale, schockartige Erkenntnis. Es war erstaunlich, welche Wirkung dieser Gedanke entwickelte. Ich wurde immer ruhiger und hatte das Gefühl, innerlich über mich hinauszuwachsen. Zu wissen, es ging für mich nur darum, lieben zu können. Und um lieben zu können, brauche ich einen Körper. Egal welchen.

Auf einmal wurde ich durchströmt von einem tiefen Gefühl der Dankbarkeit dafür, dass ich einen Körper habe. Ja, mehr noch, dass ich *diesen* Körper habe, auch wenn er mich durch unglaubliche Tiefen und schmerzlichste Erfahrungen führte. Plötzlich spielte das OP-Ergebnis nur noch eine untergeordnete Rolle. Denn lieben würde ich können. Um lieben zu können, brauchte ich mein Herz und meinen Kopf und beides würde mir erhalten bleiben. Was ist Liebe denn anderes als von Leichtigkeit und Herzenswärme getragenes, uneingeschränktes Interesse?

Lange fürchtete ich mich davor, mit immer größeren Einschränkungen leben zu müssen und vieles zu verlieren, das mir etwas bedeutete. Durch diese Überlegungen aber verspürte ich die Angst viel, viel weniger als zuvor. Die Fähigkeit zu lieben, würde mir bleiben. Bis zum letzten Atemzug. Und lieben, das kann ich. Wenn ich etwas kann, dann das. Das hatte ich endlich gelernt.

Jeden Tag gelang es mir mehr, mich selbst zu lieben und lauter Ja zu mir zu sagen, zu meinem schwerkranken Körper und zu diesem Leben. So schwierig es mitunter auch sein mochte. Und dann traf ich eine Entscheidung.

Ich entschied mich, dieses besondere Leben als *Experiment* zu betrachten. Als Experiment, um herauszufinden, wozu ein Mensch unter diesen widrigen Bedingungen in der Lage ist. Ich wollte mir selbst täglich neu mit Interesse begegnen und schauen, was ich aus jedem Tag Gutes machen kann. Diese spannende Frage und das Wissen, dass ich lieben kann, begeisterten mich so sehr, dass ich plötzlich wusste, wofür es sich unbedingt zu leben lohnt, unter welchen Umständen auch immer.

Und so konnte ich den Weg ins Krankenhaus ganz anders angehen, als mir das bisher möglich gewesen wäre. Das Bild einer schwierigen Wanderung beschreibt es für mich am besten: Manche besteigen den Mount Everest, um über sich hinaus zu wachsen. Für mich kam es einer Steilwandbesteigung gleich, mich erneut operieren zu lassen.

Zum Glück hatte ich gelernt, dass ich stets dann Hilfe bekomme, wenn ich sie brauche. Dieses Mal begleitete mich meine Tante ins Krankenhaus. Sie hatte lange keinen Platz mehr in meinem Leben gehabt, weil meine Mutter sich und uns isoliert hatte. Erst nachdem die Verbindung zu meiner Mutter vollständig verlorengegangen war, konnte die Beziehung zu ihr wieder aufleben. Und so begleitete sie mich, wie sie es bei ihrer eigenen Tochter getan hätte. In mir konnte auch dadurch etwas heilen: Ich durfte noch einmal »Kind« sein. Sie stand mir bei, stellvertretend für meine Mutter, die schon lange aus meinem Leben verschwunden war.

Durch diese Erfahrung entwickelte sich ein tiefes Vertrauen in mein Leben und in die Menschen um mich herum. Die meisten würden bleiben und mich auch weiterhin begleiten, mir helfen, wenn ich wirklich Hilfe brauchte, egal was noch auf mich wartete. So war ich dankbar für diesen erneuten Eingriff. Ich lernte so viel Wichtiges dadurch und wusste, dass mir nichts passieren konnte. Ich war verbunden mit mir, den Menschen um mich herum und dem Strom des Lebens, der immer weiter fließt, egal was noch geschieht. Meine Beziehungen sind das Wertvollste und Wichtigste, das ich habe und diese sind sicher. Denn alle, die mir etwas bedeuten, haben mich an dem Tag der Operation mit ihren guten Gedanken begleitet.

Zuerst sah es so aus, als sei alles gut verlaufen, auch wenn ich während der Operation sehr viel Blut verloren hatte. Ich war sicher, nun ein paar Jahre gewonnen zu haben. Doch ging es mir zunehmend schlechter. Ich fühlte mich kraftlos, war nach kurzer Zeit so erschöpft, dass ich mich hinlegen musste. Nach acht Wochen bekam ich furchtbare Schmerzen, so schlimm, wie in meinen schlimmsten Schmerznächten vor neun Jahren. Wieder gab es keine Position, in der ich liegen oder sitzen konnte. An Laufen war bald überhaupt nicht mehr zu denken. Mein Bauch wurde so dick, als ob ich schwanger gewesen wäre.

Schließlich kam ich in die Notaufnahme der Charité. Zum Glück arbeitete eine meiner engsten Freundinnen dort. Sie konnte dafür sorgen, dass alles schon vorbereitet war, als ich ankam und wir schnell MRT-Bilder bekamen.

Der Schreck war groß. Die OP-Wunde in meinem Bauch hatte nie aufgehört zu bluten. Es waren riesige, mit Blut und Wundwasser gefüllte Zysten im operierten Gebiet entstanden. Alle, die mich begleiteten, starrten auf die Bilder. Keiner wusste etwas zu sagen. Immer wieder diese lähmende Ratlosigkeit.

So nahm ich resigniert Kontakt zu meinem Chirurgen in Tübingen auf, der mich acht Wochen zuvor operiert hatte. Er sah sich die Bilder an. Auch er war ratlos: »Frau Merklin, ich weiß einfach nicht, was ich noch mit Ihnen machen soll.«

»Es bleibt also nur, den Tumor radikal zu entfernen?«, fragte ich.

»Ja, aber ich weiß nicht, wie ich Sie da lebend wieder rauskriege. Sie sind mir das letzte Mal schon fast verblutet.«

Danach kam nichts mehr. Nur Schweigen. Ich blieb mit dieser ernüchternden Nachricht zurück.

Wie schon vor neun Jahren saß ich im Krankenhaushemd im Stationsbett. Eine vollkommen entfremdete Situation. Diesmal allerdings war ich allein. Niemand war bei mir. Das war aber nicht der entscheidende Unterschied. Es war etwas anderes, das nicht im Äußeren zu finden war. Widererwartend fühlte ich mich auf eine seltsame Art geborgen. Ich fühlte mich geborgen in mir. Das war es, was neu war. Ich konzentrierte mich auf meinen Atem, wie ich es so viel geübt hatte, und spürte, dass ich ruhig und gelassen wurde.

»Du bekommst immer, was du brauchst. Das sind eben die Herausforderungen, die du jetzt brauchst, um wachsen zu können.«

Dieser Satz stieg tief aus meinem Inneren in mein Bewusstsein auf. In den folgenden Monaten wurde er zu meinem inneren Mantra, das mich durch die bis dahin schwierigste Zeit trug. Ja, es wurde eine sehr schwierige Zeit. Nicht nur für mich, sondern für alle Menschen um mich herum. Es war, als ob meine Krankheit als Herausforderung nicht schon gereicht hätte. Nein, es musste noch einen Schwierigkeitsgrad höher gehen. Wie das beim Klettern so ist. Die

Steilwand vor acht Wochen hatte ich so gut genommen, dass ich mich wohl noch steigern wollte.

Als ich in die Notaufnahme kam, brach gerade das Chaos der Corona-Krise über uns herein. Eine Operation dieses Ausmaßes, es gab wirklich keinen ungünstigeren Zeitpunkt. Dennoch war das, was ich dann erlebte, auch beglückend. Ich durfte erleben, wie viel Hilfe mir von allen Seiten zuteil wurde, und dass die Menschlichkeit überwog, obgleich alle überfordert waren.

Ich war in der Charité, in jenem Krankenhaus, in dem ich mich vor neun Jahren gar nicht wohl gefühlt hatte. Hier schloss sich nun der Kreis.

Dieses Mal lernte ich einen Neurochirurgen von anderer Art kennen als damals: Einfühlsam, mit viel Geduld und langen Gesprächen, ist es ihm gelungen, mich davon zu überzeugen, dass es sich lohnen würde, diese gefährliche Operation zu wagen.

»Natürlich, Frau Merklin, das OP-Risiko ist bei diesen großen Operationen sehr hoch. Das ist nicht zu leugnen. Trotzdem glaube ich, dass sie eine Überlebenschance haben. Es geht ein großer Verlust an Lebensqualität damit einher, auch das ist wichtig zu sehen. Trotzdem: Momentan sind alle Maßnahmen nur noch palliativ. Lange werden wir diesen Zustand nicht halten können.«

Die Einschränkungen, von denen wir sprachen, waren der totale Kontrollverlust über meine Ausscheidungsorgane, also Blase und Mastdarm, und der Verlust der Empfindungsfähigkeit im Sexualbereich.

Die Vorstellung, inkontinent zu sein und meine sexuelle Erregbarkeit zu verlieren, erschreckte mich seit Jahren. Nun war es also so weit. Um weiter leben zu können, musste ich den Preis bezahlen. Besonders letzteres löste eine unbeschreibliche Trauer in mir aus, weil Sexualität und damit die Möglichkeit, einen anderen Menschen nah spüren zu können, für mich einen großen Kraftquell darstellten. Wie sollte ich mich denn jemals wieder einem Mann zeigen und öffnen können? Geschweige denn, diese Art der Nähe empfinden, wie es mir bisher möglich war? Wie konnte ich jemals wieder glücklich und unbeschwert sein, wenn mir diese Möglichkeit, die Kraft des Lebens in seiner ursprünglichsten Form zu erleben, genommen war? Zum Glück konnte ich über meine Sorgen sprechen und ich fand zugewandte Zuhörer. In meiner Entscheidung helfen konnte mir allerdings kaum jemand. Eine Entscheidung dieser Tragweite und dieses Risikos, musste ich allein treffen.

Weil aber sehr viele Ärzte sich so viel Zeit für mich und meine Bedenken genommen hatten, konnte ein starkes Zukunftsbild entstehen: Die Vision einer Frau, die auch mit einem so genannten »inkompletten Querschnitt« stark sein würde und unabhängig leben könnte, die auf ihre Weise schön und anziehend sein könnte, auch wenn sie die Kontrolle über ihre Unterleibsorgane verloren hatte. So unglaubwürdig das vielleicht klingen mag, ich wurde zunehmend neugierig darauf, diese Frau, die da vor meinem geistigen Auge entstand, kennenzulernen.

Welches Potential hatte diese Frau, wenn sie über bestimmte Fähigkeiten, die normalerweise selbstverständlich zum Leben dazu gehören, nicht mehr verfügt? Wie würde sie damit umgehen, inkontinent zu sein? Würde sie sich verschämt zurückziehen oder sich weiterhin mutig in die Welt stellen, mit anderen Menschen zusammen sein und sich zeigen? Wozu würde sie in der Lage sein, wenn sie die Strapazen dieser extremen Operation überstanden hatte? Wie würde sie auf das Leben schauen, wenn sie dem Tod so nahegekommen war? Wie würde es sein, den Menschen, die sie liebte, wieder zu begegnen, wenn sie es tatsächlich überlebte? Was würde danach noch wichtig erscheinen? Würde sie noch laufen können? Die Aussagen dazu waren unterschiedlich.

In der Charité glaubten die Ärzte, dass es möglich wäre, meine Gehfähigkeit zu behalten oder wieder zu erlangen. Ioana machte sich Sorgen und hatte Zweifel, dass ich wieder gehen könnte, wenn das Wenige, was von meinem Kreuzbein noch übrig war, auch noch entfernt worden wäre. Sie hatte mich schließlich schon mehrfach operiert und kannte sich aus.

Wem sollte ich glauben?

Meine Neugier und mein Interesse wurden von Tag zu Tag größer. Gleichzeitig wuchs mein Wille, durch dieses Tor, das auch mein Tod hätte sein können, zu gehen, alle Kraft zusammenzunehmen und einen letzten Versuch zu wagen, den Tumor möglicherweise für immer hinter mir zu lassen.

Dabei gab mir die Begegnung mit dem Neurochirurgen und seinem Kollegen aus der Allgemeinchirurgie, der meine Bauchorgane zuerst von diesem riesigen Schmarotzer befreien und mir einen künstlichen Darmausgang legen sollte, die nötige Kraft. Zu diesen beiden Männern verspürte ich ein tiefes Vertrauen. Ich fühlte mich von ihnen gesehen und an die Hand genommen. Sie reagierten auf mich als Mensch und als Frau. Das spürte ich. Sie waren nicht nur Chirurgen, die ihre Arbeit taten, sondern Wegbegleiter, die mir Mut machten und mit Hingabe halfen, meine ersten Schritte in ein neues und anderes Leben zu wagen, wie es Ioana vor neun Jahren ihrerseits getan hatte. Sowie meine Freundin Vanessa, die auch in der Charité arbeitete. Sie war die gesamten fünf Wochen meines Aufenthalts jeden Tag bei mir, hat mit mir geredet, mich ermutigt, es zu wagen, mich gestützt und gehegt sowie meine Blutwerte kontinuierlich überwacht. Dennoch hatte ich alles für den Fall vorbereitet, dass ich nicht aufwachen würde.

So schrieb ich zum Beispiel mein Testament neu und verabschiedete mich von allen Menschen, die ich liebte – nicht pathetisch und dramatisch, sondern so, wie ich es immer tat, nachdem wir eine Weile zusammen waren, allerdings im gegenseitigen Bewusstsein, dass es möglicherweise das letzte Mal war, dass wir uns hörten oder sahen und indem ich ihnen sagte, wie viel sie mir bedeuteten.

Am Morgen vor der Operation war ich vollkommen gelassen. Es mag erstaunlich sein, aber ich verspürte eine große, tiefe Ruhe und Wärme in mir. Es war jetzt gut so, wie es war. Ich fühlte mich begleitet von sehr, sehr vielen Menschen um mich herum. Ich war nicht allein, sondern umhüllt von tiefer Freundschaft und Liebe. Gleichzeitig verspürte ich ein großes Bedauern bei dem Gedanken, möglicherweise nicht mehr zurückzukommen. Ich wollte doch so gerne noch wissen, wie alles weiter geht auf dieser schönen Erde. Wie sich zum Beispiel die Lebensgeschichten meiner Liebsten entwickeln. Das interessierte mich so sehr und ich wollte so gern noch daran Anteil nehmen. Jedoch haderte ich nicht mehr. Ich nahm dieses Bedauern nur wahr, wie in einem Orchesterkonzert, wo auch viele Stimmen gleichzeitig zu hören sind. Noch nie nahm ich so bewusst Abschied. Von mir, zu der ich geworden war, von den vielen Menschen, die ich liebte, und von diesem Paradies, in dem wir leben.

Es war ein wunderschöner Aprilmorgen mit einem strahlend blauen Himmel, Vogelgezwitscher und dieser besonderen, von Düften erfüllten Frühlingsluft. Ein Teil von mir musste an diesem Tag sterben, damit ein anderer weiterleben konnte, das war unausweichlich und das wusste ich.

Zwölf Stunden lang bangten die Menschen um mich herum. Zwölf Stunden, in denen die Chirurgen das Unmögliche wagten: einen Tumor aus meinem Becken zu entfernen, der es fast vollständig ausgefüllt hatte und mich durch sein aggressives Verdrängungsverhalten beinahe umgebracht hätte. Es war eine große chirurgische Herausforderung, da keine Vorerfahrungen vorlagen. Wie hatte Ioana damals zu mir gesagt? »Du wirst niemanden finden, der damit Erfahrung hat.«

Nach der Operation durfte trotz des Lockdowns und des Besuchsverbots während der Corona-Krise meine Tante bei mir sein. Das erscheint mir heute unglaublich. Zum Glück hatten wir ein paar Wochen vorher unseren Probelauf! Sie war bei mir. Zehn Tage lang, von morgens bis abends begleitete sie mich bei jedem kleinen Genesungsschritt. Sie wich mir nicht von der Seite.

Fünf Tage nach der Operation war ich psychisch entkräftet. Ich hielt es nicht mehr für möglich, dass sich mein Köper von diesem Eingriff erholen würde. Den Blick in ihre großen, blauen Augen werde ich nie vergessen. Sie sah mich streng und gleichzeitig liebevoll an und sagte: »Annette, solange die Ärzte sagen, dass es eine Chance gibt, bin ich nicht bereit, dich gehen zu lassen. Du schaffst das! Das weiß ich! Also wirst du jetzt tapfer sein.«

Die Dankbarkeit dafür, dass ich in dieser Weise getragen wurde und überlebte, fließt seither jeden Tag durch meine Adern. Ich, die ich sterben wollte, weil ich glaubte, die Kraft zum Leben nicht mehr zu haben, erfreue mich heute meines Lebens, wie noch nie zuvor.

Ja, ich bin schwer behindert und kann deshalb manches nicht mehr tun und erleben, was für eine Frau in meinem Alter normalerweise selbstverständlich ist. Gleichzeitig ist mein Leben so viel reicher und intensiver geworden durch diesen Verlust. Es fühlt sich so an, als sei ich in einem Computerspiel ins nächste Level gekommen. Es ist viel, was ich verloren habe, doch meine Beine sind mir erhalten geblieben. Ich kann laufen und mich ohne Hilfe fortbewegen! Für mich ist das ein riesiges Geschenk. Es macht mich glücklich, mein eigenes Potential bei der Überwindung von all den Hindernissen zu erleben, die ein Leben mit schweren Einschränkungen mit sich bringt.

Ich lebe, und ich werde weiterleben. Ich werde versuchen herauszufinden, was noch alles möglich ist. Das ist alles. Ich verfolge keine bestimmten Ziele mehr. Aber ich habe Träume.

Was für eine neue Haltung! Nichts mehr leisten zu müssen – dafür aber zu träumen. Wie heißt es so schön? Träume nicht dein Leben, sondern lebe deinen Traum. Ja, aber dafür muss man sich erst einmal erlauben zu träumen. Ich glaube, wer sich das Träumen verbietet, der stirbt. Langsam und von innen. Das ist wie Chemotherapie auf seelischer Ebene.

Moment: Chemotherapie ist unbestritten eine wunderbare und sehr wertvolle medizinische Entwicklung. Ich bin meiner Krankenkasse sehr, sehr dankbar, dass sie mir diese Behandlung ermöglichte. Dennoch haben mich die Nebenwirkungen so erschöpft, dass ich nur noch das Allernötigste schaffte. Als ich nach drei Jahren das Medikament abgesetzt hatte, um operiert werden zu können, merkte ich, wie anders es ist, ohne diese ständige und langsame Vergiftung des Körpers zu leben. Heute kann ich darauf verzichten, weil ich jeden Tag den Preis dafür bezahle.

Mich erfüllt ein großes Gefühl der Dankbarkeit, weil mir das Leben Zeit schenkte, um mein Schicksal radikal zu akzeptieren. Ich hatte fast zehn Jahre, in denen mir jeden Tag bewusst werden konnte, was mit hoher Wahrscheinlichkeit eines Tages verloren sein würde. Ich hatte Zeit, jeden Liebesakt zu feiern, solange es mir noch vergönnt war, und es niemals für eine Selbstverständlichkeit zu halten. Genauso wie ich jeden Tango so tanzte, als könnte er mein letzter sein.

Heute bin ich von Tag zu Tag neugieriger darauf zu erfahren, was das Leben mir an weiteren Überraschungen bereithält. Was wird es mir ermöglichen, jetzt, da ich meine größten Leidenschaften – die körperliche Liebe und das Tanzen – losgelassen habe und durch das Tor in mein neues Leben gegangen bin.

Epilog

Sie senkt sich herab, diese besondere Stille. Wie ein eleganter Vogel, der sich mit großen Flügelschwüngen auf einer glatten Wasseroberfläche niederlässt. Er ist wieder da, mein seltsam vertrauter Vogel. Die Wasseroberfläche kräuselt sich sanft, als er sich niederlässt. Und dann ist es still.

Es ist Sonntagmorgen, halb zehn Uhr.

Mein Handy klingelt. Das ist ungewöhnlich um diese Zeit. Wenn mich jemand um diese Zeit anruft, dann ist wohl etwas passiert.

Mein Onkel ist dran und klingt erschüttert.

»Was ist passiert?«, frage ich und habe einen Moment lang Angst, dass etwas mit meiner Tante sei.

»Es heißt, deine Mutter sei gestorben. Im Dezember schon. An Krebs.«

»Wie bitte? Im Dezember schon? Jetzt ist Ende Februar. Bist du dir sicher?«

Ich bin einigermaßen überrascht, aber nicht fassungslos. Denn ich habe immer damit gerechnet, dass es so oder so ähnlich ablaufen würde.

Nachdem wir aufgelegt haben, kommt mich die Stille besuchen. Meine intime Freundin, die ich nun schon so gut kenne. Ich lausche in diese Stille. So still wie am Sonntag ist es nur selten in Berlin. In mir ist es auch still, so still, wie ich es nur von diesen Momenten kenne. Ich nehme sie wahr. Intensiv, aber nicht bedrohlich und kalt, sondern warm und angenehm.

Da mein Onkel sich nicht sicher sein konnte, ob es stimmt, vergehen drei Tage des Nichtwissens. Ich versuche an Informationen zu kommen. Mateo, ihren Mann anzurufen, bringt nichts. Schließlich weiß ich nicht mehr weiter und kontaktiere die Polizei. Zwanzig Minuten später bekomme ich Klarheit. Sie ist tatsächlich gestorben. Allerdings schon vor acht Monaten. Acht Monate lang hatte Mateo uns nichts gesagt... Das zu begreifen, fällt mir tatsächlich schwer. Aber so ist er eben. Ein Mensch, der nur an sich selbst und an seinem Vorteil interessiert ist.

Sie ist also gegangen, ohne sich zu verabschieden. Ohne den Wunsch, ihre Kinder noch einmal sehen zu wollen. Ohne den Wunsch, die Kinder meines Bruders, ihre Enkel, kennenzulernen. Ohne den Wunsch, wenigstens im letzten Moment noch Frieden zu schließen - mit uns, dem Rest ihrer Familie und ihren Freunden der Vergangenheit. Es ist diese unglaubliche Konsequenz und Härte, die mich sprachlos macht. Gleichzeitig war ich mit genau dieser Haltung immer konfrontiert, und es ist deshalb nichts Neues für mich.

»Das sind alles Einladungen des Lebens, um zu lernen und wachsen zu können.« Diesen Satz habe ich nicht vergessen. So ist es wohl. Die Entscheidung, es so zu sehen und die Einladung anzunehmen, liegt bei mir. Jedes Mal neu.

Ich werde also herausfinden, was gut ist an dieser Situation und dann schauen, wie ich auch daraus das Beste machen kann. So wie wir alle es tagtäglich tun. Jeder in seinem Bereich und auf seine Weise.

Durch alles, was ich bis jetzt erlebt habe, bin ich nur stärker und stärker geworden, auch wenn ich mitunter dachte, dass ich es nicht mehr schaffen würde. Das Leben hat immer Recht und so werde ich die Einladungen des Lebens annehmen, um daran zu wachsen und zu reifen und mich an den Früchten, die sie mir bringen, erfreuen, wie an allen anderen Früchten in meinem Rucksack. Dies schreibend fällt mir eines meiner Lieblingslieder ein: »Gracias a la Vida« von Violeta Parra. So sage ich zum Abschluss in den drei Sprachen meines Herzens: »Gracias a la Vida! Merci à la Vie! Danke an das Leben!«

Worte des Danks

»**Wenn du schnell** gehen willst, dann gehe allein. Wenn du weit gehen willst, dann musst du mit anderen zusammen gehen.«

Dieses Zitat aus Afrika spricht mir aus der Seele. Ich bin weit gegangen in meinem Leben – bis an die Grenze. Auch mit diesem Buch bin ich weit gegangen. Es wäre mir ohne die Ermutigung und den Rückmeldungen, den Rat, die Hilfe und Unterstützung vieler Menschen unmöglich gewesen, diesen Text zu schreiben.

Zuerst möchte ich meine Freunde Ulrike, Roland und Birgit nennen. Sie haben sich die vielen Seiten des Rohmaterials, aus dem dann dieses Buch entstanden ist, angehört und mich immer wieder ermuntert weiterzuschreiben. Ohne diese aufmerksamen und einfühlsamen Ohren hätte ich vermutlich bald wieder damit aufgehört.

Karen Elsten möchte ich dafür danken, dass sie mir mit viel Empathie und ihrer literarischen Erfahrung zur Seite gestanden hat, als es darum ging, aus dem vielen Material ein Manuskript zu machen.

Meiner Tante Margarete danke ich für ihre ehrlichen und schonungslosen Rückmeldungen und dafür, dass sie den Rotstift radikal angesetzt hat, um den Text spannender und flüssiger zu halten.

Meinen Freunden und Weggefährten Miriam, Julia, Reinhard, Tom, Bea und Nils danke ich für ihre hilfreichen Anmerkungen und ihre bestärkenden Worte, tatsächlich zu veröffentlichen.

Ein besonderer Dank geht an meinen einfühlsamen Coach Fridolin Stülpnagel von HEART BEAT, Holistic Coaching. In der Arbeit mit ihm konnten die tiefsten Wunden in meiner Seele Heilung erfahren.

Stellvertretend für alle Ärzte, die mich auf meinem Weg begleitet haben, danke ich Dr. Ioana Knöller dafür, dass sie sich meiner angenommen hat, als ich die Hoffnung auf Hilfe bereits aufgegeben hatte. Besonders dankbar bin ich allerdings dafür, dass sie heute als meine intime Freundin neben mir steht und in diesem Buch mit ihrem Klarnamen genannt werden will. Das ist eine besondere Geste der Zuwendung für mich, die mir viel bedeutet.

Mein tiefer Dank richtet sich auch an Dr. Fritz Helmut Hemmerich und an das gesamte Team des Eridanos-Zentrum für Salutogenese. Auf einzigartige Weise haben sie dazu beigetragen, dass ich lernte, gerne zu leben - unabhängig davon, wie die Bedingungen dieses Lebens sind.

Ein besonderer Dank gilt meinem Verlag, der an dieses Buchprojekt geglaubt und sich seiner angenommen hat!

Mein letzter Dank geht an alle meine ehemaligen Schülerinnen und Schüler der Rudolf-Steiner-Schule in Berlin. Die Arbeit mit den jungen Menschen hat mir lange die Kraft zum Leben gegeben. In jeder Unterrichtsstunde hat eine Person am meisten von allen gelernt, und das war ich selbst. Dafür, dass sie sich auf mich und meinen Unterricht eingelassen haben, werde ich immer dankbar sein. Diese Erfahrungen bieten mir die Grundlage, in einem anderen Bereich das weiterhin zu tun, was ich stets getan habe: das, was ich am besten kann, anderen weitergeben, damit sie daraus das Ihre machen können.

Literatur

Hemmerich, F.H. (2011): Wendepunkt Burnout. Anleitung für die Praxis. Das Salutogenese-Konzept, Augsburg, Maro-Verlag

Hemmerich, F.H. & A. & K. (2018): Basis-Energie. Übungsprogramm für den Alltag. Teneriffa, Instituto Sentico SL

Peterson, Jordan B. (2019): 12 Rules for Life. Ordnung und Struktur in einer chaotischen Welt, 2. Aufl., München, Goldmann

Schnarch, David (2018): Brain Talk: How Mind Mapping Brain Science Can Change Your Life & Everyone In It, Colorado, Sterling Publishers

www.erzaehlverlag.de